수석에서 보석을 캐다

수석에서 보석을 캐다

정태종 시조집

그루

들어가는 말

수석과 참동무가 된 지 40년이 되었다.
겉멋을 빼고 시조의 맛을 제대로 안 지 일 년이 지났다.

자연의 오묘함과 신비함에 심취하다 보니 한 점의 수석에서도 수양할 수 있었다. 수석을 가까이 두고 살피며 무언의 대화를 나누었다. 그 아름다움을 혼자 보고 느끼는 것이 아까워 수석과 접목한 글을 써서 첫 수석 시조집을 내게 되었다. 첫아이를 낳았을 때처럼 만감이 교차한다. 초보라는 어설픔 때문에 기쁘면서도 가슴이 떨리고 긴장으로 두렵기까지 하다.

자연의 미경을 즐기면서 탐석한 강돌 24점, 바닷돌 42점, 꽃돌 6점, 총 72점의 산수경석, 형상석, 인상석, 문양석, 꽃돌을 시조로 풀어내고, 수석마다 스토리텔링을 곁들였다.
수많은 퇴고를 거치며 밤을 새웠지만, 언제나 부족하다는 말이 앞선다. 그 부족함을 알기에 이 시조집이 다음 단계로 갈 수 있는 디딤돌이라 생각하며 첫발을 조심스럽게 내딛는다. 책을 만나는 모든 분께 당부하고 싶은 말은 첫걸음을 뗀 아이의 고뇌와 황홀함을 어여삐 여겨 주셨으면 하는 마음이다.

 뒷바라지에 힘을 보태준 가족에게 진심을 다해 고마움을 전한다. 또 이 책의 발간에 많은 도움을 주신 주인석 교수님, 김민정 한국문인협회 부이사장님, 원정호 시조시인님과 함께 작품 활동을 한 문우님들에게도 깊은 감사를 드린다.
 이 책은 2집 발간을 위한 디딤돌이고, 학업에 더욱 정진하겠다는 다짐돌이며 맹세돌임을 밝혀둔다.

2024년 생애 첫 글봄에 정태종

차례

4　　들어가는 말

제1부 강가에서 캐낸 보석

—

13　　형제도
15　　대나무 숲
17　　복두꺼비
19　　고향 산천
21　　엄마의 졸음
23　　사랑 폭포
25　　비천상
27　　망부석
29　　만리 평야
31　　천마
33　　수묵 산수화
35　　고평원 단봉산
37　　졸고 있는 수도승
39　　용틀임
41　　억새
43　　섹시한 여신
45　　인생무상
47　　불만족

49	천상 소녀
51	염불 소리
53	초가집
55	잔설
57	태아의 기다림
59	만사형통

제2부 바닷가에서 캐낸 보석

63	갈대의 문장
65	잠룡 승천
67	정월 대보름에
69	경칩
71	난초
73	까치의 삶
75	산수유꽃
77	어머니의 누룽지
79	벚꽃이 필 때
81	당산나무
83	김을 매는 아낙네
85	우물 안 개구리
87	목욕탕에서

89 등짐
91 유채꽃
93 춤사위
95 피아노 치는 돌 그림
97 놀람둥이
99 달마상
101 헛발질
103 장끼의 구애
105 살아 보니
107 부활
109 월하 여인
111 회오리바람
113 해우소解憂所
115 소나무
117 토끼처럼
119 절규
121 운무가 내린 산
123 노을 소녀
125 거드름춤
127 메밀꽃밭
129 만삭의 여인
131 단풍 물결
133 노을이 질 때

135 피리 부는 여인

137 미련

139 아마존의 밀림

141 낙엽이 가는 길

143 겨울 매화

145 눈 내리는 영축산

제3부 꽃잎에서 캐낸 보석

149 목단의 침묵

151 불두화

153 국화의 한살이

155 내 고향 찔레꽃

157 동백꽃 고백

159 촉석루에 핀 꽃

발문

160 동행과 발굴의 원형, 모성 · **주인석**

해설

167 내면의 아름다움까지 추구한 시조집 · **김민정**

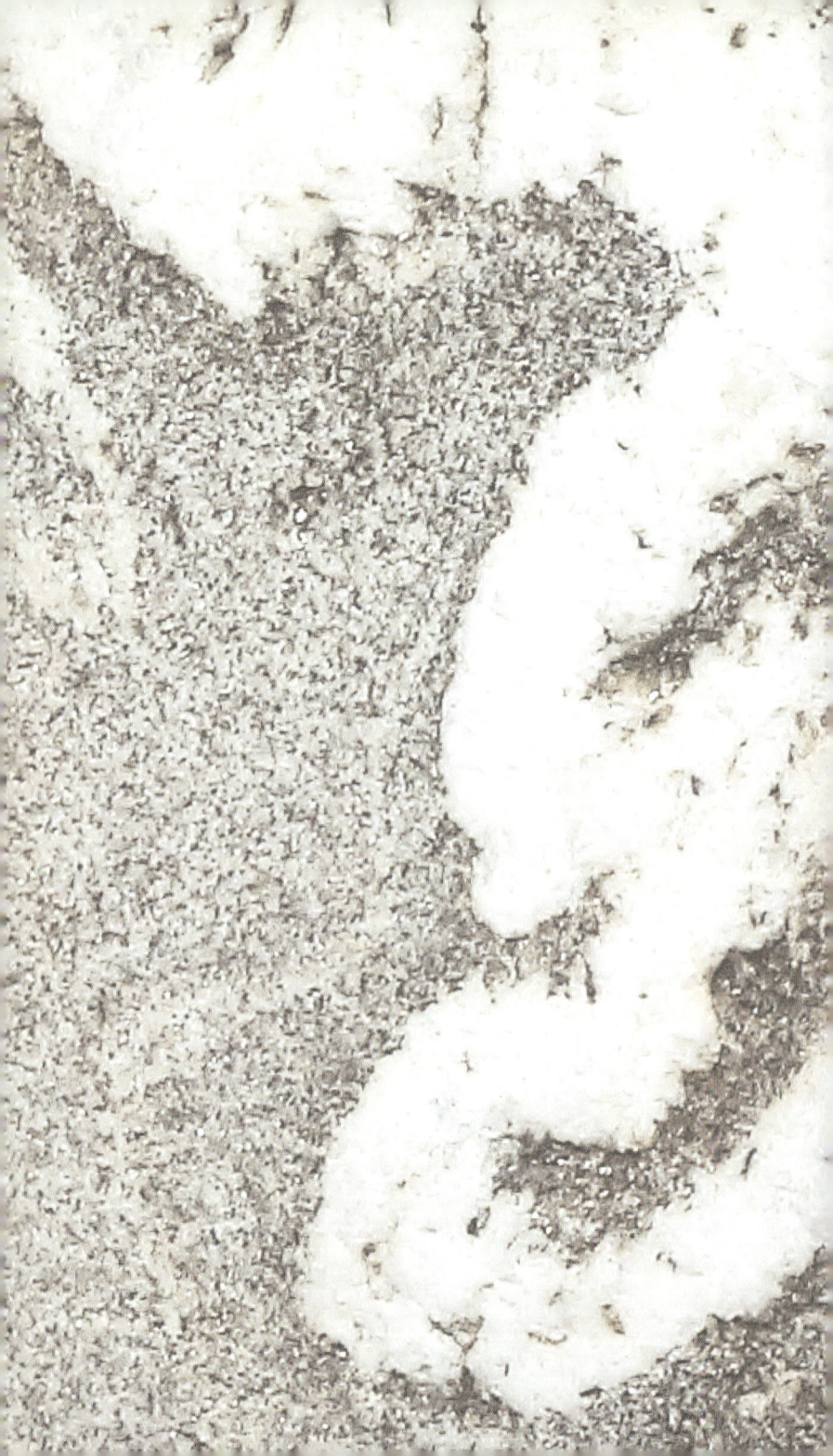

제1부

강가에서 캐낸 보석

「형제도」인도네시아, 34×17×20cm (좌우×상하×전후)

작업 스토리

두 개의 봉우리를 가진 산수경석이다. 며칠 동안 수석을 바라보니 차분하게 앉은 자태에서 평안함을 찾을 수 있었다. 오호라! 형제간 우애가 충만하다. 수석을 통해 동기간의 사랑과 서로에 대한 겸손으로 살아야겠다는 의지를 더 다지는 계기가 되었다.

이 수석이 마음에 더 와닿았던 것은 먼 외국이 고향이기 때문이다. 만일 나의 핏줄이 먼 곳으로 떠난다면 봉우리를 하나 잃은 수석처럼 아련할 것이다. 그래서 수석 감상은 자연의 축경미縮景美를 통해 스스로 성찰하게 된다.

형제도

젊은 꿈 만경창파 수평선 위에 싣고
앞서고 뒤따르다 나란히 어깨동무
태풍도 어뜨무러차* 형제애 으라차차

*무거운 것, 상대하기 힘든 것을 상대할 때 내는 소리

「대나무 숲」 강릉, 10×7×3cm

작업 스토리

집 가까이 대나무 밭이 있다. 해가 질 때 해가 뜨기 전 잡새들이 아름다운 화음을 이루며 새벽을 깨운다. 매일 새들의 공연을 듣다가 '대나무 숲'이란 작품을 쓰게 되었다. 그러나 시조에 알맞은 수석이 없었다. 기다리는 수밖에 없었다. 인연은 언제든 닿을 수 있기에…….

그런 어느 날, 지인으로부터 댓잎 그림의 수석을 선물 받았다. 고마움을 말로 다 표현하기에는 부족했다. 자식 하나를 얻은 듯 기뻤으니 이 수석은 글과 함께 영원히 동행할 것이다.

이 작품은 반갑게도 김민정 박사의 아름다운 사회(21. 03. 22) 전국 교차로 칼럼에 실린 작품이기도 하다.

대나무 숲

대나무 숲에 서면 온갖 소리 들려온다
쭉쭉 곧은 마디마디 절개를 지키라는
호언힌 신비의 오통 합창으로 들려온다

대나무 숲에 서면 온갖 새들 모여든다
서로 다른 새들 소리 환상의 하모니다
모두가 함께 모여서 멋진 공연 펼친다

대나무 숲에 서면 늘 푸른 마음이다
힘들고 지칠 때는 주저앉고 싶지마는
언제나 싱싱한 희망 푸르름이 안긴다

「복두꺼비」 점촌, 28×20×16cm

작업 스토리

시골 마당에는 종종 두꺼비가 나타나곤 한다. 점촌 포클레인 작업장 주변을 뒤지다 흙더미에 묻혀 있던 돌 한 점을 발견하였다. 깨끗하게 씻고 보니 자글자글한 갑옷을 입은 복두꺼비였다.

석복이 있는 날이다. 장원석으로 석우들과 장원주를 나누며 즐거운 석담으로 피로를 풀었다. 복두꺼비가 복을 풀 수 있도록 우리 집을 통째로 내주었다.

복두꺼비

단비가 오려는가 복두꺼비 엉금엉금
단단한 갑옷 속에 복 보따리 감추고
천천히 둘러보면서 복 풀 자리 물색하네

「고향 산천」 점촌, 27×8×11cm

작업 스토리

마음이 힘들면 고향의 뒷동산을 떠올린다. 뒷동산 하면 동무들이 생각나고, 소를 몰고 풀을 먹이던 생각에 이어 개구쟁이 짓이 생각나고, 산으로 들로 칡을 캐고 나무를 하던 생각들이 줄지어 달려온다. 마지막은 언제나 푸근한 어머니 등 같은 뒷동산에 누워 하늘을 바라보는 것이다. 그 넓은 등 같은 수석이다. 수석을 물끄러미 바라보면 어머니의 등 냄새가 난다.

고향 산천

정겨운 푸른 산하 아늑한 고향 산천
동심의 추억들을 간직한 보물 창고
포근한 엄마 품속이 생각나는 산과 강

「엄마의 졸음」 인도네시아, 15×13×6cm

작업 스토리

따뜻한 봄날 엄마는 곤한 잠이 퍼붓는데 아가는 엄마에게 놀아달라고 보챈다. 엄마는 크게 하품을 하며 아가를 업고 어른다. 아가도 피곤한 엄마의 심정을 좀 알아주면 얼마나 좋을까.

이 수석을 만났을 때, 엄마에게 보챘던 나의 어린 시절이 영화처럼 흘렀다. 그래서 내 식구가 된 수석이다.

엄마의 졸음

아가는 신이 나서 콩닥콩 놀자는데
피로 쌓인 엄마는 춘곤증에 가라앉네
아가야 엄마눈꺼풀 어떡하면 좋을까

「사랑 폭포」 영양, 37×21×20cm

작업 스토리

여름에는 폭포, 겨울에는 빙폭이 연상되는 수석을 만났다. 두 형제가 만나 양쪽에서 어깨동무를 하고 그 사이에 우애가 폭포처럼 흐른다는 느낌이 들었다. 또 다른 느낌은 부부가 포옹을 하고 그 사이에 사랑이 흐르는 느낌은 더 좋지 않은가? 한여름 무더위도 한겨울 추위도, 다툼도 미움도, 아픔도 슬픔도 이 폭포석 앞에 앉으면 다 물러가리라.

환갑 때 사랑스런 아내가 선물로 준 수석이다. 뜻밖의 선물이라 더욱 기뻤다. 나의 취미를 인정해주는 아내가 참으로 고마워서 이 수석을 곁에 두고 자주 감상하며 영원히 아낄 것이다.

사랑 폭포

신선의 뮤지컬인가 선녀의 오페라인가
테너와 소프라노 마주 선 두 봉우리
아리아 폭포수 향연 멈춰버린 내 심장

「비천상」덕산, 11×16×6.5cm

작업 스토리

하늘에 살면서 하계 사람과 왕래한다는 여자 선인仙人을 그린 그림이나 조각을 비천상飛天像이라 한다. 주로 고분의 벽화와 범종의 주물에 비천을 표현한 상이다. 수석 속에서 비천을 캐낼 수 있었던 것은 태곳적부터 돌 속에 묻혀 있었기 때문이다. 구멍이 많은 비천상이라 이 수석이 더욱 신비하게 느껴져 시간만 나면 푹 빠져 감상한다. 그 덕분에 시조 하나를 건질 수 있었다.

비천상

꽃구름 몰고 와서 피리를 부는 여인
하늘 옷 너울너울 부처에 꽃 공양
보아라 어여쁜 보시 누구라 흉내 낼까

「망부석」 점촌, 12×30×12cm

작업 스토리

예천으로 교감 승진 발령이 났다. 참으로 원했던 수석 산지 쪽이다. 꿩 먹고 알 먹고였다. 하늘이 도운 것인지, 땅이 민 것인지 나로서는 금상첨화 발령이다. 점촌에 원룸을 얻어 20분 거리의 학교로 출퇴근하면서도 콧노래가 나왔다.

시간이 허락하는 대로 원 없이 한없이 강바닥을 구석구석 뒤지고 다녔다. 돌과 함께, 돌을 친구 삼아 즐거운 나날을 보냈다. 그러다 망부석을 만났고 마음을 다독이는 친구가 되기로 했다.

망부석

고개를 드시게나 그만하면 됐지 뭘
천년을 숙인 고개 알 사람 다 안다네
세월이 많이 변했지 즐겁게 사시게나

「만리 평야」 점촌, 37×7×13cm

작업 스토리

광활한 대평원이다. 가슴이 탁 트이고 시원하다. 모두가 갖고 싶어 하는 평원석이다. 이 수석처럼 우리 사회가 평온하고 풍요로워서 살맛 나는 세상이 되면 좋겠다는 마음이 자꾸만 울컥울컥 솟아 시조로 풀었다.

만리 평야

허물을 덮어 주는 진흙 모래 아량에
평원은 키워내고 나누는 일을 하며
언제나 고요하다네 만남도 떠남도

「천마」 경산, 11×6×2cm

작업 스토리

어느 날 처가에 갔다. 처가에 가서도 개울과 주변 밭으로 수석을 찾아 이리저리 살폈다. 그러다 말 모양의 수석을 만났다. 말을 만나다니 아내와 자식을 위해 더 열심히 뛰라는 메시지인가. 하여간 기분이 좋았다.

탐석한 돌을 앞에 두고 장인어른과 술잔을 기울이며 석담을 나누었다. 말이 만들어준 귀한 자리다. 가족을 위해 쉬지 않고 달려온 두 마리 말이 되어 밤이 깊도록 정다운 이야기를 나누었다.

이 수석은 다리가 핵심이라 말 다리가 부러지지 않도록 조심해서 관리하고 있다. 말도 사람도 나이가 들수록 다리가 생명이다.

천마

꼬리를 치켜들고 하늘 누빌 꿈 꾸며
천년을 기다려 돋은 날개 펼칠 날
오늘이 그날이구나 내 꿈이 비상하는

「수묵 산수화」 남한강, 25×18×17cm

작업 스토리

　남한강에서 탐석한 호박돌이다. 여백과 구도가 참 좋은 한 폭의 산수화다. 탐석한 지 20년이 훨씬 넘은 것으로 양석이 잘되어 고태가 난다. 이 수석처럼 은은한 인격으로 나이 들고 싶음이다. 수석을 담은 배낭도 좋아서 덩실덩실 춤을 추었다.

수묵 산수화

화신이 현현인가 보일 듯 들릴 듯이
간결하고 짙고 옅은 외줄기 묵선 따라
아뿔싸 이토록 깊게 홀릴 줄이야 이 산중에

「고평원 단봉산」 점촌, 19×18×12cm

작업 스토리

이 수석을 만났을 때 그림 같은 고평 단봉산이 떠올랐다. 힘 있게 솟은 단봉과 빙판 같은 평원의 물 씻김이 참으로 좋다. 저 평원에 올라가서 시조 한 수 읊고 싶은 마음을 누르고 누르다가 살며시 언어를 해감해본다.

고평원 단봉산

절벽을 깔고 앉은 광활한 평원 품에
혹처럼 박혀있는 단봉산 그 이력을
누구라 말할 수 있나 가슴에나 묻을 뿐

「졸고 있는 수도승」 남한강, 11×10×5cm

작업 스토리

내가 수도승을 만난 것은 남한강이다. 강바닥에서 무릎 꿇고 기어 다녀도 만날 수 없었던 그 수도승을 탐석 안내자의 도움으로 만났다. 내겐 참으로 큰 선물이다. 수도승과 마주 앉을 때마다 나는 안내자의 얼굴을 떠올리며 마음속으로 '고마워요'라고 텔레파시를 보낸다. 수도승의 얼굴에 그 안내자의 얼굴이 들어있다.

졸고 있는 수도승

선방에 앉은 스님 좌선 수행 삼매경에
불청객 졸림 손님 느닷없이 찾아왔네
어쩌나 졸음 겨루는 안쓰러운 수도승

「용틀임」 봉화, 15×18×6cm

작업 스토리

　탐석 중에는 추위도 더위도 가리지 않고 물도 진흙도 꺼리지 않는다. 물속을 들여다보며 하나의 수석을 발견했다. 어쩐지 뒤집고 싶은 마음이 들었다. 내 마음이 통했다. 보이지 않는 쪽에 용이 숨어 있었다. 역동적인 움직임은 이끼로 덮여 있었다.

　세상사 단면만 볼 일이 아니라는 것을 배웠다. 보이는 곳보다 보이지 않는 곳에서 더 좋은 일, 더 아름다운 일, 더 배워야 할 일이 숨겨져 있음을 알았다. 그것이 이 수석의 보석 같은 메시지다.

용틀임

거대한 용 한 마리 몇 겁을 기다렸나
당장에 솟구칠 듯 비틀린 울부짖음
얄라차* 가는 선 타고 장삼무를 추다니

*무엇인가 잘못됐음을 이상하게 여기거나 신기하게 여길 때 내는 소리

「억새」 중국, 35×25×14cm

작업 스토리

억새의 휘몰아침은 육지의 파도다. 가을 물결은 산에서 시작된다. 아름답다는 말보다 때때로 사납다는 말이 와닿게 하는 수석이다. 억새는 잎이 날카로워 섣불리 만지면 손을 벨 수도 있다. 억새의 카리스마라고 해두겠다. 하고 싶은 말을 휘갈기는 수도자의 카리스마라고 생각해 본다.

억새

하얗게 내려앉은 서릿발 이고 서서
운문사 천년 고찰 예불 소리 머금고서
얄라차 석가의 금언 허공에 휘갈긴다

「섹시한 여신」 인도네시아, 16×35×17cm

작업 스토리

아침 일찍 출근하려는데 커피 한 잔 하고 가라는 수석 가게 주인의 말에 잠시 들렀다. 아마도 이 수석을 보여 주려고 한 것 같다. 순간, 수석이 내 마음을 뚫고 들어왔다. 한마디로 눈이 뒤집힐 정도였다.

종일 수석이 눈에 아른거려 견딜 수가 없었다. 퇴근하는 길에 곧바로 수석 가게에 가서 양도 받아 온 수석이다. 너무나 좋아 그날은 밤잠을 설쳤다.

섹시한 여신

가녀린 긴 목 따라 사라진 양쪽 팔
한 발로 무게 잡는 콘트라* S자 육감
오호라 1.618 : 1 황금비 밀로의 비너스

*몸의 무게 중심을 한쪽 다리 즉 뒷다리에 둔 포즈로 콘트라포스트를 줄인 말

「인생무상」 남한강, 15×17×7cm

작업 스토리

30년 전 여주대교 밑에서 포항수석연합회 합동 탐석 대회가 있었다. 그때 만난 수석이다. 나는 이 수석에서 인생무상을 느꼈다. 그래서 나의 자화상이라는 생각이 들었다. 이 수석 앞에 앉아 있으면 많은 생각을 하고 나를 되돌아보게 된다.

나는 누구이며 삶이란 무엇인가?

인생무상

덩어리 뭉개도록 건너온 나그네여
속절없는 세월에 돌아보면 무엇 하리
한 자락 비바람처럼 바삐 왔다 갈 뿐인데

「불만족」 필리핀, 20×27×10cm

작업 스토리

사람도 돌도 개성이 있다. 생김새도 천태만상이다. 이 수석은 뭐가 마음에 들지 않는지 많이 삐뚤어진 모습이다. 밤을 새워서라도 불만을 들어줘야 할 것 같다. 들어줄 사람이 있다는 건 인생을 잘 살았다는 증거. 누군가의 불만을 잘 들어주는 사람이 되어야겠다는 생각이 들게 만드는 수석이다.

들어주는 사람이 있을 때, 말하는 사람도 있는 법이다.

불만족

움푹한 두 눈 아래 벌어진 입속에서
튀어나올 폭탄 발언 솟구칠 용암 언어
한 번만 참자 꾹 참자 스스로 거는 최면

「천상 소녀」 남한강, 4×11×4cm

작업 스토리

이 소녀를 만난 것은 충주다. 단발머리 앳된 소녀를 보자마자 내 입에서는 조용필의 '단발머리 소녀' 노래가 흥얼흥얼 흘러나왔다. 옛날 옛날 초딩 짝지의 단발머리도 생각나고, 누이들의 단발머리도 생각난다. 순수의 상징, 단발머리다.

천상 소녀

단아한 단발머리 해맑은 미소를 띤
청순한 누이동생 꼭 닮은 수련화*
수줍음 살짝 머금고 꿈 그리는 꽃봉오리

*찬란한 아침 햇살에 깨어나서 한낮에 만개하여 달빛에 잠이 들어 잠자는 연꽃

「염불 소리」낙동강, 3×8×2cm

작업 스토리

반나절 동안 영강 하류 낙동강 쪽 강둑을 걸었다. 그러다가 검지만 한 수석을 만났다. 아주 작았지만, 스님을 닮았다는 생각에 아주 큰 수석을 만난 듯 기뻤다.

이 수석 한 점으로 벅찬 날이었다. 작은 스님과 마주 앉아 큰 이야기를 나누려고 소주 한 병을 땄다. 스님은 묵언, 나도 묵언. 그렇게 그날 밤은 북받쳤다.

염불 소리

달빛도 숨을 죽인 절간의 깊은 밤에
한줄기 향 내음에 법당은 무화武火*이고
먹먹한 염불 소리만 심장을 파고든다

*활활 세게 타는 불

「초가집」 남한강, 18×14×11cm

작업 스토리

　남한강에서 만난 초코석 초가다. 초가는 수천 년을 이어온 우리나라 살림집으로 평화롭고 잔잔한 정감이 난다. 어릴 적, 고드름 따다가 칼싸움하던 추억을 불러내는 집이다.
　해마다 마을 주민들이 품앗이하여 초가지붕을 이었다. 공동체 의식이 점점 흐려지고 세상이 각박해져 가는 지금, 초가를 만난 것은 내 마음에 여유 한번 가져보라는 징조인가.

초가집

황금빛 초가지붕 감아 오른 박 넝쿨
술래잡기 구슬치기 말뚝박기 고무줄놀이
너무나 짧았던 하루 그 시절이 언젠데

초가집 처마 끝에 고드름 주렁주렁
팔뚝만 한 고드름을 깨금발로 따다가
덤벼라 칼싸움하던 그 시절이 선하다

「잔설」 점촌, 26×6×12cm

작업 스토리

점촌 영강 하류에서 잔설을 만났다. 흙이 많이 묻어 있어 모양을 찾아내기가 곤란하여 물에 씻었다. 절리를 닮은 주름의 변화가 좋은 잔설형 경석이었다. 양석을 하니 점차 색상이 좋아져 눈밭을 상상하며 즐겁게 감상하고 있다.

잔설

뜨건 마음 급히 식어 섣불리 드러내니
못 피할 팽창 수축 풍화될 기암괴석
끝끝내 놓을 수 없는 갈라진 마음 사이

「태아의 기다림」 필리핀, 26×25×16cm

작업 스토리

2016년 봄이다. 석우와 필리핀으로 일주일간 탐석을 떠났다. 한인 숙소에서 생활하며 일주일 동안 강과 바닷가 그리고 원주민 마을에서 모아 놓은 돌들을 뒤지며 탐석을 하였다. 마침내 언발라얀 강에서 한 덩이 수석을 만났다. 이 덩어리에는 기다림이 묵직하게 느껴졌다. 그러나 이름을 짓지 못하고 비행기를 탔다.

필리핀에서는 많은 볼거리와 문화를 접하고 배우고 왔다. 석명을 짓지 못하고 있던 차에 석실을 찾은 50대 여성분들이 태아를 닮았다며 이름을 지어 주셨다.

태아의 기다림

엄마를 닮았을까 아빠를 닮았을까
열 달이 지겨워서 쪼그리고 앉아
언제쯤 세상 구경 갈까 기다리네, 첫 만남

「만사형통」 남한강, 19×27×7cm

작업 스토리

   시골집에 양석을 위해 마당 한쪽에 갖다 둔 수석이다. 퇴직하고 귀향해서 수석을 하나씩 정리했다. 그런데 수석 하나가 보이지 않아 찾던 중 이웃집 담장에 있어서 깜짝 놀랐다. 한편 반갑고 한편으로는 수석에게 미안했다. 귀하게 만나 홀대 받았다 생각하니 애잔했다. 그래서 이름이라도 좋게 지어주려고 아내에게 의논했더니 '구멍이 시원하게 펑 뚫려 있으니 만사형통이구먼' 했다. 역시 아내는 내게 만사형통이다.

만사형통

뻥 뚫린 저 구멍은 탁 트인 내 가슴
옷고름 씹어가며 살아온 풍랑 세월
이제는 술술 풀리리 빌어 보는 소망 굴

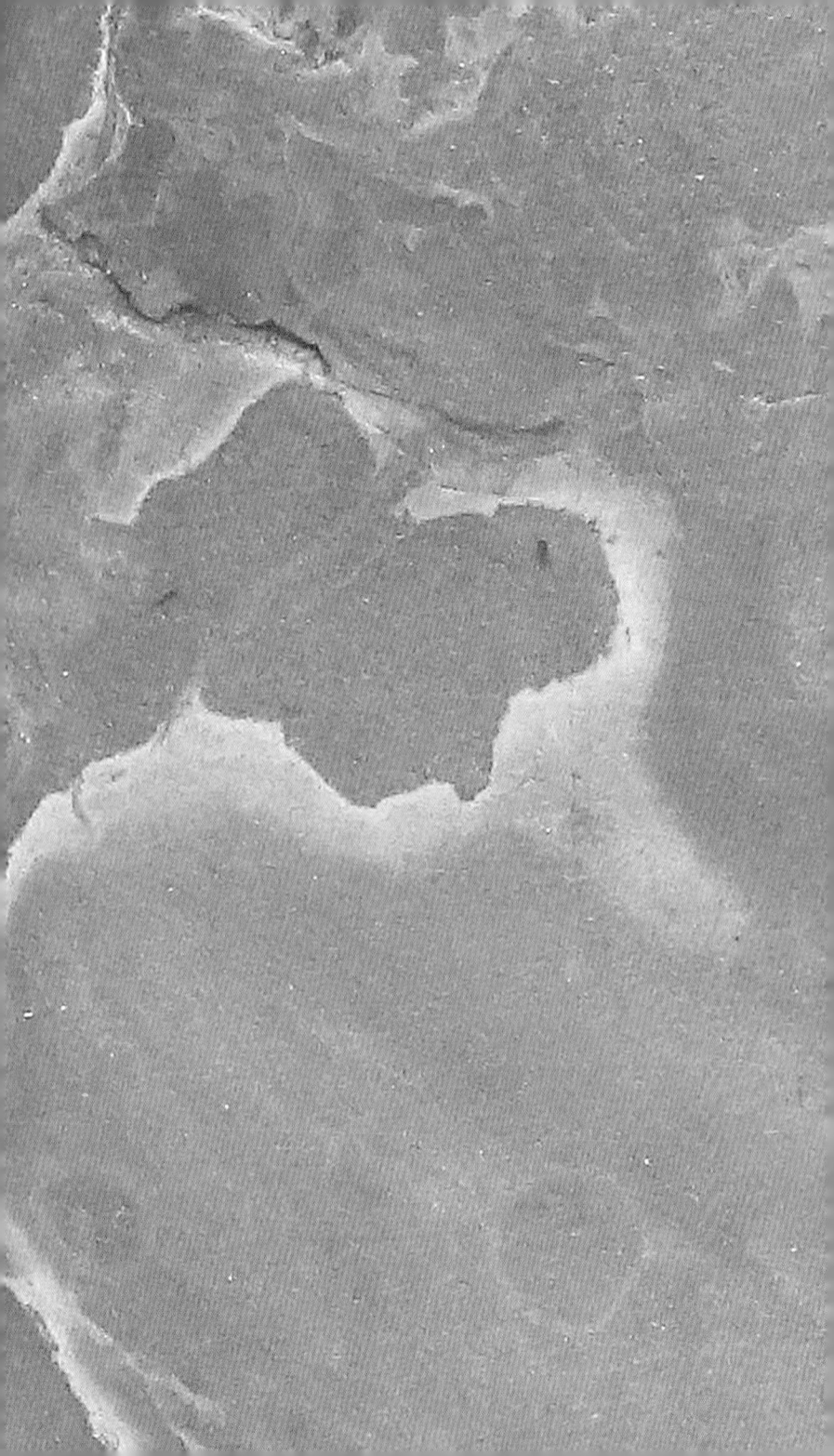

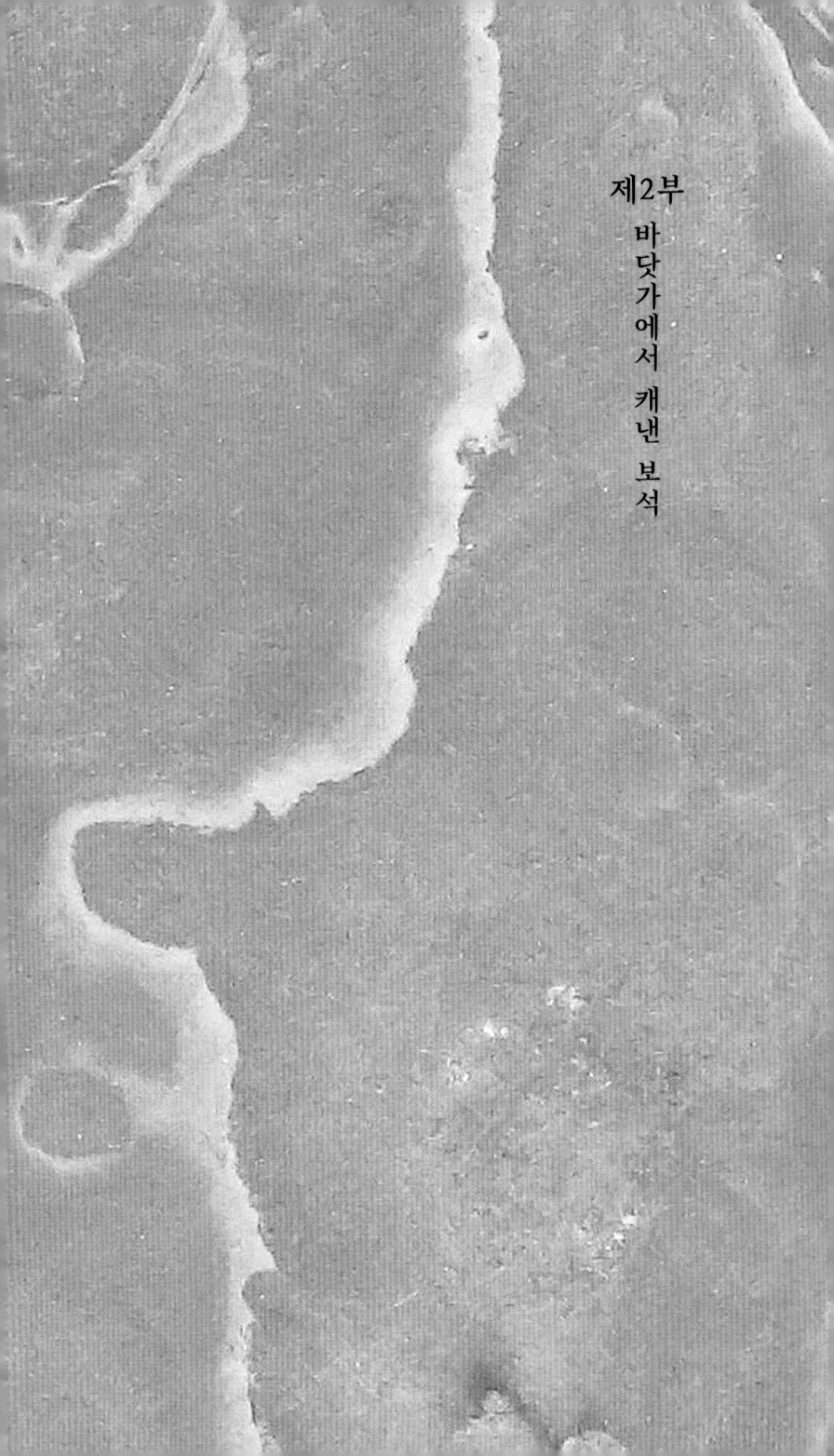

제2부
바닷가에서 캐낸 보석

「갈대의 문장」병곡, 10×6.5×3cm

작업 스토리

세찬 파도 따라 바닷가에는 포말과 시름하는 몽돌들이 나뒹굴고 있다. 어떤 수석을 만날까 기대에 부풀어 파도를 피해 가며 탐석에 열중하였다. 성과는 없고 신발과 옷은 흠뻑 젖었다. 모든 걸 포기하고 되돌아서려는 순간 '나 여기 있소' 얼굴을 내밀며 손짓하는 돌과 눈이 마주쳤다.

위험을 무릅쓰고 덥석 돌을 건졌다고 생각했는데 내가 건진 것은 갈대밭이었다. 순간 무어라 표현할 수 없을 정도로 기분이 좋아 돌을 어루만지며 '왜 인제 왔소'라며 돌에게 화답하였다. 문양석(그림 돌)은 여백이 중요하다. 갈대밭이 조금 아래로 내려왔으면 좋았겠다는 생각도 잠시 아, 자연의 이치구나 싶어 돌을 두 손으로 받들었다.

이 수석으로 '2023 서울詩 지하철 공모전'에 당선되어 2024년, 2025년 2년 동안 서울 지하철역 4곳과 하남 지하철역 1곳의 승강장에 게시되고 있다.

갈대의 문장

바람에 얽맴 없이 초연히 흔들리다
꺾일 듯 쓰러질 듯 일어설 듯 눕더니
슬며시 바람을 안고 꼿꼿이 일어선다

바람을 품은 백필 눈부신 초가리
가는 필관筆管 꼿꼿하게 때때로 비스듬히
허공에 휘갈긴 문장 가을은 표음문자

초서로 뒤엉켜도 해서로 풀어내고
일시에 밀려나도 다 같이 일어서니
휘리릭 써 내려가는 올가을 첫 페이지

「잠룡 승천」 죽천, 7×8×2.5cm

작업 스토리

올해는 갑진년 청룡의 해다. 이 수석이 더욱 돋보이는 이유이기도 하다. 여의주를 얻어 이무기가 승천하는 모습이다. 구도와 색상이 좋고 동적이다.

저 움직임으로 값진 한 해, 값진 수석과 시조가 되기를 기대하며 더욱 정진해 보련다.

잠룡 승천

자신감 용맹으로 신바람 일으키며
무한한 꿈을 향해 춤추듯 날아올라
갑진년 잘살아보세 청룡의 기운 받아

「정월 대보름에」 영일만, 6.5×12×3cm

작업 스토리

보름날이다. 오곡밥을 먹고 귀밝이술을 한 잔 하고, 견과류를 깨물면서 어릴 적 해 보았던 풍습을 흉내 냈다. 그리고 올해의 소원을 빌고 나서 영일만으로 탐석을 나섰다.

월석이다. 소원이 통했다. 달과 함께 구름도 있으니 너할 나위 없이 좋다. 달님께 소원을 풀었다고 몇 번이고 고맙다고 중얼거렸다.

정월 대보름에

오곡밥 지어 먹고 한 잔의 귀밝이술
생솔가지 나뭇더미 달집을 지어 놓고
달님요 들어주소서 불타는 소원지

「경칩」 영일만, 8×12×2.5cm

작업 스토리

    산더미 같은 성난 파도의 위험을 무릅쓰고 이 돌을 탐석하였다. 지금 생각하면 무모하기 짝이 없는 짓이었다. 수석도 좋지만 내 목숨도 귀한데…….

    하여간 파도 속에서 건진 수석은 개구리 알 덩어리였다. 개구리 알을 바다에서 건지다니 이렇게 신비로울 수가 있는지 기쁨에 겨워 파도가 무서운 줄도 몰랐다. 개구리 알은 부와 자손 번창이니 곁에 두고 잘 부화되기를 소망한다.

경칩

춘신은 멀었는데 생명을 포태하여
수많은 알 속에서 태어날 개구리들
뽀로로 기지개 소리 기다리는 봄 마중

「난초」양남, 9×7×3cm

작업 스토리

수석에서 난초가 피었다. 한 대의 꽃망울이 선명하다. 자연은 예언자요 수도자이며 때때로 스승이고 때때로 제자이기도 하다.

매화, 난초, 국화, 대나무로 이름 붙여진 사군자 중 가장 가녀린 몸으로도 군자의 위풍을 지녔으므로 이 수석은 마음이 흔들릴 때마다 감상한다.

난초

기다리다 지친 마음 몇 줄기 가는 잎새
생각이야 흔들려도 올곧은 마음 하나
향긋한 꽃대 하나가 이파리를 달랜다

「까치의 삶」 영일만, 6×8×4cm

작업 스토리

까치를 만난 건 장소를 불문하고 기쁘다. 기쁜 소식을 전하는 상징의 새이기 때문이기도 하다. 수석이 주는 기쁨이 바로 이런 것이다. 까치는 어느 곳에나 있지만, 쉽게 찾아오지는 않는 법이다. 그런 까치를 수석에서 만났으니 그날은 우리 가정에 기쁜 일이 자꾸만 일어날 것 같았다. 까치의 삶처럼 행복한 가정을 열망하며 수석에 이름을 지었다.

까치의 삶

감나무 꼭대기에 나뭇가지 한입 물고
요리조리 끼우고 차곡차곡 쌓아가며
온종일 쉴 사이 없이 기초 공사 한창인

근사한 집 짓고서 좋아라 까악까악
낮에는 해님 손님 밤에는 달님 별님
까악깍 손님 모셔다 집들이로 야단난

설계사 어미 까치 건축사 아비 까치
오붓한 보금자리 까르르 까악까악
이보다 멋진 가족애 어드매서 찾으랴

「산수유꽃」 태종대, 18×13×6cm

작업 스토리

　노란 산수유꽃이 만발했다. 수석에서 형태나 그림이 석명과 100% 맞을 수는 없다. 좀 모자라고 아쉬움이 좀 있어야 감상의 맛이 있다. 만물에는 완전함이 없기 때문에 채워가는 기쁨이 있는 것이다. 모자란 부분을 가슴에서 채워가면서 감상하는 것이 100점인 것이다. 미덕은 부족함에서 생겨난다.

　산수유꽃 향기가 멀리멀리 퍼져 갔으면 좋겠다. 절대 엉뚱한 발상이 아니다.

산수유꽃

봄에는 노랑 왕관 가을엔 붉은 왕관
보기에 아름답고 먹어서 병 고치니
스스로 샛노란 축포 터트려 자축하는

「어머니의 누룽지」 영일만, 8.5×12×2cm

작업 스토리

어머니는 이목구비가 뚜렷한 여인이었다. 아름다운 여인을 보면 엄마가 떠오르는 걸 보면 엄마는 고운 여인이었음이 분명하다. 따뜻한 여인이었고, 구수한 여인이었으며 푸근한 여인이었다.

그래서 엄마가 긁어 주시던 가마솥 누룽지는 잊지 못한다. 긁는 소리는 하나의 리듬이었고 참새처럼 입을 벌리고 있으면 한 덩어리씩 넣어 주던 그 누룽지는 사분음표였다. 엄마 생각이 뭉클 오르게 하는 수석에 '어머니의 누룽지'라 이름을 붙이고 시조를 써서 마음을 위로해 본다.

어머니의 누룽지

식은 밥 한 그릇에 참기름 한 술 뿌려
손으로 얇게 눌러 노릇노릇 구워낸
구수한 누룽지의 맛 울 어머니 손맛 탱*

밥 퍼낸 가마솥에 누룽지 익는 냄새
큰 주걱 든 어머니 누룽지 긁어모아
오종종 모인 오 남매 입안에 한 덩이씩

세월이 좋아져 누룽솥 플러스**
간편한 누룽지 넙디기에 감탄해도
도무지 잊을 수 없는 누룽지 맛 엄마 맛

* 작은 물건이 탄력 있게 튀는 소리 또는 그 모양
** 온도 센서와 타이머가 있어 원하는 온도와 시간으로 누룽지를 구울 수 있는
  누룽지 제조기

「벚꽃이 필 때」 소안도, 14×13×7cm

작업 스토리

활짝 핀 벚꽃을 만난 것은 경주 보문로이다. 바람에 떨어지는 꽃비를 붙잡으려는 듯 가지는 흔들리고 꽃은 멀리멀리 날아간다. 꽃비를 맞으며 산책했던 때를 떠올리게 하는 수석이다.

추억을 품은 수석이다. 수석 속에서 추억을 하나씩 꽃 피워보는 재미가 쏠쏠하지만, 근심 걱정은 꽃바람에 날려 보내는 치유의 수석이기도 하다.

벚꽃이 필 때

봄 처녀 입술같이 터질 듯 부풀어서
요염을 자랑하는 화려한 꽃망울들
순백의 신부가 되어 예쁘게도 피었다

설레는 봄바람에 얼굴이 붉어져서
살긋살긋 휘날리며 춘정을 피우더니
이 세상 모든 근심을 웃음으로 날린다

「당산나무」 일광, 6.5×6.5×2cm

작업 스토리

   노목을 만난 것은 강산이 몇 번 변한 세월이다. 이 수석을 만났을 때, 나는 마을 어귀의 당산나무를 생각해냈다. 마을의 안녕을 비는 당산제를 지냈던 곳, 동무들과 삼삼오오 모여서 구슬치기와 닭싸움하며 놀 적에 당산나무는 할아버지처럼 우리를 지켜보고 있었다. 그랬다. 당산나무는 마을을 지키는 신이었다. 지금도 그 믿음은 종교와 관계없이 이어진다. 부정이 없는 깨끗한 사람을 제관으로 뽑아 마을의 풍년과 사람들의 평안을 위해 제를 지낸다. 수석이 내 인생에 다양한 지킴이가 된 지는 오래다.

당산나무

수천 년 고향 마을 지켜 온 삶의 역사
애환의 흔적들을 흠뻑 담고 서 있다
장엄한 신목 앞에서 숙연해지는 내 영혼

「김을 매는 아낙네」 영일만, 17×9×6cm

작업 스토리

　어머니라고 마음속으로 부르면 하얀 머릿수건이 고개를 든다. 밭에서 김을 매시는 어머니를 만날 수 있는 기쁨을 주는 수석이다. 어머니께서 수석으로 오신 것이라 믿는다. 어머니께서 내게 선물을 주신 것이다. 무척 기쁜 일이 생겨도 마음이 울적한 날에도 이 수석 앞에 앉으면 편안해진다. 그러나 이내 따라오는 것은 그리움이다. 눈시울이 뜨거워진다. 다시 못 오실 어머니를 바라볼 뿐이지만, 마음의 위안을 받는다.

김을 매는 아낙네

땅을 열고 고개 내민 별을 캐는 아낙네
호미 잡고 끝없는 은하수를 바라보며
물린 젖 억지로 떼 내 돌아앉은 어미 심정

오뉴월 땡볕에서 고랑마다 별이 눕자
아낙의 손끝에 새파랗게 풀물 든다
정오의 목마른 태양 더디게 지나간다

고랑을 긁는 심정 아는지 모르는지
손톱 밑에 고이는 새까만 그 모정
하루해 길고도 멀어 부푼 젖만 아프다

「우물 안 개구리」 영일만, 12×11×7cm

작업 스토리

개구리는 시골의 상징이며, 비를 머금은 동물이다. 비가 오면 유독 시끄럽게 울어댄다. 그래서 엄마 말을 안 듣는 불효자가 뒤늦게 후회하는 모습을 떠올리게 만드는 개구리다. 면벽참선하는 개구리를 만나고 보니 그동안 우물 안 개구리라고 말했던 것이 미안해졌다. 왜냐하면 요즘은 우물 안 개구리는 찾아볼 수가 없기 때문이다. 이 시대의 개구리들은 어디로 떠났는지 눈을 씻고 찾아보아야 할 때가 많다. 더 이상 우물 안에서 개구리를 찾을 수 없기에 나는 이 수석을 들여다보며 아낀다.

우물 안 개구리

우물 벽 마주 보고 면벽참선 한 시간째
범주의 벽 뚫으려 숨 고르고 앉아 있다
그 누가 우물 안 개구리 속 좁다고 흉볼까

「목욕탕에서」 필리핀, 21×12×18cm

작업 스토리

물 고임이 좋은 수석이다. 선녀가 목욕하러 내려왔다는 곳, 백두산 천지 같기도 하다. 어떤 이름을 붙여줄까 고민을 하며 바라보는데 떠오르는 것은 어머니다. 옛날 목욕탕이 없는 시골에선 큰 항아리 같은 무쇠솥에 물을 한가득 붓고 장작불로 물을 데웠다. 그 따뜻한 물로 목욕시켜 주시던 어머니 생각이 난다. 그리고 어떤 연유인지 우리 집에서 마을 사람들이 목욕을 하곤 했다. 수석을 볼 때마다 이런 생각들이 줄지어 들어오니 목욕탕이라고 이름을 지었다.

목욕탕에서

홀라당 알몸이다 태초의 알몸이다
지위나 재산도 권력도 내려놓고
모두가 똑같아지는 가식 없는 참이다

육신의 찌든 때를 천천히 밀어낸다
인생은 빈손으로 오가는 비움철학
마음속 욕심의 때도 말끔히 씻어낸다

「등짐」 선유도, 15×11×5

작업 스토리

엄마라고 불러보면 눈물이 엄마의 대답처럼 고인다. 희생의 아이콘인 어머니, 자식을 위한 껍데기로 사시면서 스스로 몸을 돌보지 않으셨다. 얼마나 아프셨을까. 이렇게 늦게 어머니를 읽었으니 내 인생의 독서량이 얼마나 부족했던가. 때때로 한탄하고 때때로 미안하고 그래서 더 보고 싶은 어머니다. 한 번만 만날 수 있다면 엄마를 마음껏 업어드리고 싶다. 내가 엄마 등에 업혀 다니던 그 시절을 생각하면 더욱더…….

등짐

숲들이 산새 품듯 다 주어도 못다 준 듯
힘겨움 잊은 채로 둥가둥가* 짐 진 모습
끝없는 노스탤지어 아스라이 먼 존재

* '둥개둥개'의 방언(전남)

「유채꽃」 연도, 7×15×6cm

작업 스토리

수석을 만날 때마다 하나의 자연을 뚝 떼어 집 안으로 모시고 오는 느낌이다. 이번 수석은 유채밭을 통째로 얻었다. 아, 이건 유채밭이다. 따뜻한 봄날에 유채꽃 만발할 때, 유채꽃 향기를 맡으며 가족사진을 찍고 싶은 간절한 마음이 담긴 수석이다.

유채꽃

꽃망울 몽글몽글 설레는 봄기운에
농농濃濃한 꽃향 내음 숨 멎는 짙은 유혹
와 봐요 봄 향연 초대 물결치는 손짓들

수줍은 총각보다 먼저 웃는 처녀들
바람에 상글상글 꽃잎들의 춤사위에
내 마음 홀린 듯 잡혀 샛노랗게 물든다

「춤사위」영일만, 7.5×10×4cm

작업 스토리

 누군가에게 버림받는다는 건 슬픈 일이지만, 누군가에게 선택받는다는 건 세상 기쁜 일이다. 누가 버렸을까. 주웠다는 말보다 모셨다는 말로 수석을 위로해 본다. 몇 년간 양석을 시켰더니 수석이 춤으로 화답했다. 춤사위의 문양석이다. 양석은 수석의 품격을 올리고 감상의 맛을 더해준다.

 해석의 양석은 손으로 만져 비비거나 기름걸레로 문질러 닦아주는 과정을 거치는 것이다. 그러면 그림이 있는 수석은 색상이 선명해져서 고태미古態美가 난다. 나도 덩달아 넝실넝실 춤을 추고 싶게 만드는 연희의 수석이다.

춤사위

갓 나온 나비처럼 날갯짓하려는가
종종 색색 옷자락을 허공에 풀어놓을
아찔한 상상 속 놀림 녹아내린 속마음

「피아노 치는 돌 그림」 대만, 5×11×4cm

작업 스토리

　수석은 감상자의 수준에 따라 이름을 얻고, 가치를 인정받는다. 사람도 그렇다. 누구를 만나느냐에 따라 그 사람의 가치가 달라지고 불러주는 이름에도 격이 달라진다.

　수석에서 피아노 한 대를 얻었다. 희고 검은 건반 위로 손을 얹어본다. 눈을 감는다. 모차르트가 내 손을 잡아준다. 나는 거리낌 없이 건반을 두드린다. 이런 황홀한 경지를 선물해 준 수석에 반해 내 마음을 빼앗겼다. 흥이 있는 나에게 하늘이 내려 준 선물이라 믿는다. 감탄사로 감사를 대신하며 때때로 나 혼자 연주회를 연다.

피아노 치는 돌 그림

억겁의 세월 속에 할퀴이고 깎이면서
다져진 내면 아이 윤나는 돌갗에서
놀래라 미켈란젤로 되살려 낸 환영幻影

그것은 태초부터 돌 속에 존재했던
신들린 온몸과 춤추는 열 손가락
서서히 세상 밖으로 현현하는 연주곡

「놀람둥이」정자, 5.5×7×3cm

작업 스토리

  내가 너를 만난 것은 놀람 그 자체였다. 너도 나를 만나서 무척 놀란 모양이구나. 우리는 이렇게 놀람으로 만나 신남信男으로 연을 맺었다. 더운 여름날 피서객들 사이사이를 누비며 보물 찾듯 걸었다. 그러다 만난 너는 놀람 인상을 가진 수석이다. 인상석은 만나기가 어려운데 네가 내게 와 준 것은 분명 내게 행복한 놀람을 자주 선사해 주며, 기쁨의 눈물을 머금고 있다가 터뜨려줄 듯하구나. 하여 나는 너를 놀람둥이라 이름 짓는다.

놀람둥이

두 눈이 휘둥그레 벌어진 커다란 입
무엇을 보았을까 어떤 걸 상상했나
뚝뚝뚝 금방이라도 터질듯한 눈물 샘

「달마상」 영일만, 6×8×6cm

작업 스토리

이리저리 유랑처럼 다니는 것이 일상이 되었다. 돌만 보면 친구를 만난 듯 기쁘고 그중에 될 돌을 만나면 '수석이다'라며 예우한다. 오늘은 대박이 터졌다. 오색 가루가 쏟아질 만큼 큰 박이다. 유랑 덕분에 동서남북 휘젓는 유랑 스님을 만났다.

석중석 달마상이다. 보기 드물게 좋은 수석을 갖게 되었다. 이런 심정을 심마니는 '심봤다'라고 외칠 것이다. 너무 좋다는 말은 약해서 나도 '심봤다'라고 따라 외쳐본다. 수석 가게로 가서 곧바로 좌대를 만들어 달마를 모시고 합장한다.

달마상

돌 속에 돌을 품고 산속에 산을 품어
스님 품은 산사처럼 둘이 하나 석중석
사람이 사람 품는 일 유체 이탈* 달마상

*영혼이 육체에서 벗어나 분리되는 일

「헛발질」 병곡, 10×5.5×3.5cm

작업 스토리

어린 손자 손녀들이 공을 찬다. 최선을 다해 차보지만, 헛발질이 많다. 얼마의 헛발을 날려야 제대로 찰 수 있을까? 인생이 헛발로 시작해서 헛발로 끝난다 해도 결코 그 발이 '헛'은 아니다. '헛'이 반복되면 '핫hot'이 된다. 진짜 제대로 뜨거운 발을 한 번 차기 위한 '헛'이기 때문이다.

나 역시 마찬가지다. 마음만 앞서 뜻대로 되지 않을 때가 많다. 그래도 되돌아보면 작은 뜻이 이루어 큰 뜻을 이루었을 때가 더 많았던 것 같다. '헛'이라는 계단을 밟아가는 손자 손녀들에게 남겨 주고 싶은 수석이다.

헛발질

신나는 공놀이에 이리 뛰고 저리 뛰고
구르는 공을 따라 힘찬 발길 매번 허탕
또다시 마음만 앞서 발이 먼저 공은 뒷전

「장끼의 구애」양남, 10×6×5cm

작업 스토리

꿩은 텃새다. 장끼는 형형색색 알록달록한 화려한 깃털에 목이 푸른색에 흰 줄무늬가 있으며 길고 뾰족한 꼬리가 특징이다. 수컷은 장끼, 암컷은 까투리, 새끼는 꺼병이라 부른다. 장끼와 까투리가 꺼병이를 낳아 꺼병이는 또다시 장끼 아니면 까투리가 되어 꺼병이를 낳을 것이다. 나선형의 계보가 얼마나 멋진가!

장끼 닮은 문양석을 발견하고 너무 좋아 콧노래가 절로 나왔다. 그런데 장끼 혼자서는 꺼병이를 낳을 수 없다. 이제는 까투리를 찾아 나설 때이다. 장끼의 구애를 도와 외로움을 하루라도 빨리 달래주려면 나는 빠른 시일에 수석 유랑을 떠나야 한다.

장끼의 구애

초록 하양 투톤의 윙 팁 칼라 빼입고
까투리 앞에서 힘준 날개 붉은 얼굴
꾸억 꽉 장끼의 포효 들썩이는 사월 숲

「살아 보니」 영일만, 10×15×5cm

작업 스토리

취미란 50도 아닌 70도 이상이 되어야 한다고 생각한다. 그래야 성공한다. 나는 100% 돌에 미美쳤다는 소리를 듣는다. 수석 사랑은 아내를 사랑하듯, 어쩌면 그보다 더 좋아한다.

나의 수석 사랑에 질투하지 않고 언제나 다정하게 웃어주는 아내와 같은 미소를 발견했다. 인상석은 같은 값이면 찡그린 상보다는 스마일상이 훨씬 좋다. 사람도 마찬가지다. 웃으면 복이 온다.

살아 보니

망팔望八에 바라보는 허공은 무심하고
구름은 일고 지고 세월은 덧없지만
인생은 애환이 서린 삶의 흔적 무음소*

*소리 없이 빙그레 웃는 웃음

「부활」 양남, 4×6.5×3cm

작업 스토리

  수석을 찾아 나설 때는 가슴이 쿵쿵 뛴다. 바람을 넣은 풍선처럼 가슴이 부푼다. 오늘은 어떤 인연을 만날까? 주마등처럼 머릿속을 지나가는 여러 수석을 상상하면 발걸음이 더 가벼워진다. 돌아올 때는 배낭이 무거워지길 바라면서.

  참 귀한 수석을 만났다. 종교는 누구에게나 소중한 의지처이다. 오늘은 십자가에 매달린 예수를 만났다. 인간을 사랑하여 죄를 대신 짊어진 모습에 숙연해진다. 누구의 죄를 대신 받는다는 것, 어쩌면 가장 힘든 희생일 것이다. 의미는 거대하나 수석은 너무나 작은 촌석이라 아쉬움이 있다. 그래도 성자를 만났다는 것은 큰 행운이다.

부활

인간을 대신하여 죄받고 고통받고
끝끝내 용서하고 목숨 뺏겨 갔지마는
못다 한 사랑 나누려 사흘 만에 또 왔네

「월하 여인」일광, 11×8×3cm

작업 스토리

모암, 수마, 색상, 질 그리고 단조롭지 않은 문양이 좋은 수석이다. 이 수석을 만났을 때, 마음속으로 물었다. '보름달 아래서 여인은 무엇을 생각하고 있을까?' 기도하는 여인을 보면 피할 수 없는 한 사람, 어머니다. 석실에 두고 어루만지며 사랑을 흠뻑 퍼붓고 있다. 대대손손 여인의 기도가 모이고 모여 우리네 자손이 번창하는 것이리라.

월하 여인

산천은 조용한데 은근한 둥근 달빛
나뭇잎 사이사이 비집고 파고들어
더욱더 애타는 심곡心曲* 잠 못 드는 이 한밤

*간절하고 애틋한 마음

「회오리바람」 영일만, 9×10×4.5cm

작업 스토리

퇴직하고 농사꾼으로 자리를 잡았다. 농사는 하늘의 뜻이다. 하늘이 돕지 않으면 어떻게 될지 모르는 게 농사다. 그래서 농사를 지으면 하늘의 마음을 읽기 위해 하늘을 자주 올려다본다.

이 수석을 만났을 때, 회오리바람이 연상되었다. 회오리바람은 갑자기 생긴 저기압 주변으로 한꺼번에 모여든 공기가 나선 모양으로 일으키는 선회 운동의 바람이다. 신기한 자연현상이 놀랍지만, 토네이도 같은 바람은 파괴력이 심해 두렵다. 자연의 재해가 없었으면 하는 바람으로 소장하게 된 수석이다.

회오리바람

공기가 칼을 빼어 광풍 갑옷 걸쳐 입고
한 방에 쓸어갈까 휘감아 돌아갈까
그러게 갑질은 왜 해, 자연은 갑이야

「해우소」일광, 5×4×3cm

작업 스토리

 아주 작은 수석을 만났을 때, 자주 웃게 된다. 촌석에는 소소한 스토리가 담겨있는 경우가 많다. 이 수석은 해학적이고 재미있는 돌이다. 어린 나이에는 볼일을 보고 난 뒤, 내의를 발목에 걸어 어정어정 걸으며 엄마에게 엉덩이를 내밀었다. 닦아 달라는 말이다.

 이 수석을 발견했을 때, 엉덩이를 닦아주며 토닥토닥, '내 새끼 응가 많이 했어?' 하시던 어머니가 생각났다. 엄마의 사랑을 받던 그 시절이 어찌 이토록 그리울까!

해우소解憂所

조급한 마음에도 누가 볼까 두리번
흘러내린 내의를 붙잡고 응가 하는
일곱 살 우스꽝스런 너야말로 국민 손자

「소나무」대만, 15×15×10 cm

작업 스토리

한 그루의 노송이 나를 기다리고 있었다. 소나무 한 그루가 도대체 얼마인가. 몇 백에서 몇 천은 지불해야 한다. 그런 소나무가 나한테 떡하니 온 것은 어떤 인연일까. 어쩌면 반듯하게 살려고 노력했던 내 마음을 읽은 신선이 보낸 것은 아닐까.

소나무의 상징은 꿋꿋한 절개, 흔들림 없는 의지의 선비 나무다. 사철 푸르니 변함없는 마음의 표현일 것이고, 은은한 향은 좋은 인품일 것이다. 여리디여린 어머니가 물려주신 이런 마음으로 평생 살고 싶어서 이 수석은 좌우명처럼 내 곁에 둔다.

소나무

긴 세월 바위틈에 꿋꿋이 뿌리박아
바람을 이불 삼고 바위를 베개 삼아
장엄한 철갑을 걸친 송죽지절 소나무

거북의 배면처럼 두꺼운 껍질에서
수양의 덕을 갖춘 은은한 솔향기가
무심히 지어지선의 옷을 벗어 해탈한다

혼탁한 세상살이 심신을 의지한 채
선비의 기품 닮은 올곧은 형상으로
오로지 학문에 젖어 무상무념 흐른다

늘어진 가지에서 읽어내는 풍파 세월
가냘픈 한 여인이 떠올라 울컥하며
내 삶의 나침반 같은 솔향기를 뿜는다

「토끼처럼」 일광, 7.5×12×5 cm

작업 스토리

나는 토끼띠이다. 그래서 토끼 문양의 수석 하나쯤은 갖고 싶었다. 어느 날, 한 마리 토끼가 나를 찾아왔다. 그런데 모습을 쉽게 보여 주지 않고 만나는 그 순간부터 숨바꼭질이다. 잘 찾아야 보인다. 두 귀를 쫑긋 세우고 바삐 달리는 모습이 내 삶과 맞닿아있다. 토끼는 이솝 우화에서 주인공 역할도 많이 했다. 이제는 수석 우화의 주인공으로 감상자에게 많은 상상력을 불러일으킬 것이다.

토끼처럼

스케줄 빽빽하여 쫓기는 시간 속에
눈알이 빨개져도 신나는 세상살이
오늘도 숨 몰아쉬며 뛰고 뛰고 또 뛰고

「절규」 일광, 6×7×5cm

작업 스토리

우와! 첫 만남에서 나온 소리다. 입을 떡 벌린 인상석, 도대체 무슨 이유로 저렇게 입을 벌리고 있을까. 요리조리 상상을 해보았다. 어느 날, 책 속에서 뭉크의 「절규」를 만났다. 그 순간, 인상석이 섬광처럼 지나갔다. 아, 절규구나. 귀 기울여 들어야 할 사연이 분명히 있을 것이다. 사람들을 만나고 집으로 돌아오면 나는 자주 절규와 마주 앉는다. 사람마다 절규를 숨기고 살 수도 있고, 누르고 살 수도 있기에 그들의 절규를 나의 절규로 대신 듣기 위해서이다.

절규

바라본 모든 순간 순간이 감탄이요
햇빛과 높새바람 걸린 구름 탄성이요
너와 나 마주친 순간 외마디 언어의 포옹

「운무가 내린 산」 정자, 7×9×3cm

작업 스토리

안개가 낀 먼 산을 바라보면 운치가 있다. 저런 산을 뚝 잘라 곁에 두고 싶은 마음은 자연을 좋아한다면 누구나 한 번쯤 가져볼 감정이다. 운무가 내릴 때 또는 걷힐 때의 풍경은 모두가 다른 느낌인데, 그야말로 신선이다.

이 수석을 보고 있으면 환상적인 세계로 유인당하는 느낌이다. 저 어디쯤 초가집 하나 짓고, 시조를 그리며, 유유자적하고 싶은 마음.

운무가 내린 산

산허리 휘어 감은 운무는 굼실굼실
솜이불 덮어쓰고 아직도 잠이 덜 깬
우람찬 저 산봉우리 천상에서 두둥실

「노을 소녀」일광, 7×11×3cm

작업 스토리

해 질 무렵의 가을 풍경, 온통 황금색이다. 하늘도 땅도 황금물결이다. 가을은 풍요의 상징이다. 이 벌판에서 소녀를 만났다. 노을을 바라보며 사색에 잠긴 소녀의 꿈을 읽기에 좋은 수석이다. 문학소녀, 문학청년의 시절에 저러했지 않을까. 시절을 소환해 보기 좋은 수석이다.

노을 소녀

불타는 서쪽 하늘 넋 잃고 바라보는
만추의 그림 같은 풍광에 빠진 소녀
삶이란 노을 같은 것 하루라도 타보는 것

「거드름춤」 영덕 창수, 10×14×7cm

작업 스토리

거드름춤은 산대계의 대표적인 춤이다. 느린 염불장단에 맞추어 추는 춤이다. 그럼에도 얄밉지 않고 '도'가 느껴진다. 거드름이라는 부정어가 춤이라는 긍정어로 탈바꿈되는 순간이다. 수석은 인간사를 압축하는 힘이 좋다.

불상 앞에서 거드름춤을 출 정도면 제법 간이 크다. 춤으로 하고 싶은 말을 대신하는 모양이다. 이런 모습을 담은 자연의 오묘함과 위대함에 다시 한 번 감탄을 한다. 수석 감상의 즐거움 중에 하나는 상상의 간접 경험이다.

거드름춤*

사붓한 버선발을 사알짝 내디디며
옷고름 나풀나풀 장삼 자락 쳐들면서
느릿한 염불장단에 꿈틀대는 흥과 멋

*산대 춤사위의 하나

「메밀꽃밭」여수, 14×19×8cm

작업 스토리

메밀꽃은 우리나라 고유의 꽃이다. 꽃말은 '고백' '사랑의 기억'이다. 이런 아름다운 꽃말과 달리 메밀은 척박한 땅에서 생명력이 길어서 억척스러운 식물이다. 척박한 땅에는 메밀을 심어 먹거리로 이용했다. 메밀전병, 메밀묵이 대표적이며 요즘은 메밀 막걸리도 있다. 전병에 막걸리를 떠올리면 고향 동무들이 생각난다.

이 수석은 메밀꽃밭이 연상된다. 눈처럼 내린 메밀꽃을 바라보며 고향의 친구들과 정자에 앉아 막걸리잔을 기울이며 두런두런 이야기를 나누고 싶은 마음이 들어있는 수석이다.

메밀꽃밭

메밀묵 메밀전병 막걸리 궁합 좋고
꽃물결 일렁이는 정자에 동무들과
이보다 좋을 수 없는 매력적인 피사체

「만삭의 여인」 병곡, 8×6×2cm

작업 스토리

요즘은 만삭의 여인을 보기 힘들다. 아이 안 낳고 둘이서만 잘 살자고 권하는 시대인 것 같다. 그래서 어디서든 만삭의 여인을 보면 반갑다. 고맙다. 인류의 멸망은 종족의 단절이다. 아이 울음소리가 담장을 넘어야 행복한 집이다.

어느 날, 만삭의 여인을 발견했다. 여인은 조심조심 태교를 위해 운동을 하고 있었다. 부디 건강한 아이를 낳았으면 하는 바람으로 수석을 들여놓았다. 언제쯤 출산할까. 조마조마한 심정으로 수석을 감상한다.

만삭의 여인

잉태의 아름다움 그 어디에 비유할까
청잣빛 하늘 이고 태교의 즐거움에
출산의 기쁨을 맞는 조물주의 신비로움

「단풍 물결」연도, 14×17×10cm

작업 스토리

전형적인 단풍이 만산하는 가을 풍경이 훅하고 들어왔다. 햇볕에 두고 물을 치고 기름걸레로 닦고 문지르니 양석이 잘되었다. 이렇게 풍광 좋은 수석이 될 줄 몰랐다. 노력한 만큼 결과가 돌아오니 수석을 사랑한 일이 자랑스럽다. 사계절 석실에서 가을을 만끽할 수 있으니 마음이 늙지 않아 좋다. 오고 가는 사람의 인연이 단풍 물결같이 곱다.

단풍 물결

가파른 음계 따라 타오른 불꽃 천지
만나는 사람마다 불그레 물들이고
정들자 이별 고하듯 떠나가는 사람들

「노을이 질 때」 금일도, 16×16×6cm

작업 스토리

원산이 있는 전형적인 가을의 저녁 하늘이다. 저렇게 편안하게 물들기를 바라는 마음을 수석이 잘 표현해 주었다. 수석을 바라보면 마음이 평온에 든다. 인생의 무상함을 느끼며 무언의 수석에게서 많은 것을 깨친다. 오늘은 수석이 스승이다.

노을이 질 때

온 천지 물을 들인 선연한 노을 속에
푸르른 시절들이 익어서 고개 숙여
이제는 석양 앞에서 순응하는 이 마음

「피리 부는 여인」 영일만, 3.5×5.5×1.5cm

작업 스토리

독일에 '피리 부는 사나이'가 있다면 내게는 피리 부는 여인이 있다. 사나이는 피리를 불어 쥐를 불러 모았다면 여인은 피리를 불어 잠 못 드는 영혼을 달랜다. 깊은 밤 여인의 피리 소리는 수석을 뚫고 가늘게 흘러나와 토닥토닥 잠을 불러 모은다. 작은 수석이지만, 상상은 무한대다.

피리 부는 여인

반야半夜에 잔등殘燈 켜고 푸른 달빛 반주伴奏 삼아
가슴을 후벼 파는 진혼의 곡성 같은
구슬픈 여인의 선율 일촌간장 다 녹인다

「미련」영일만, 6×5.5×2cm

작업 스토리

　구도와 여백이 좋은 수석이다. 수석 전체에 흐르는 감정은 미련이다. 뒤돌아보고 또 뒤돌아보고 발이 떨어지지 않는 모습이다. 살다 보면 미련이 남는 일이 많다. 그런 마음을 듬뿍 담은 수석이라 애잔한 마음에 공감이 된다. 내게도 저런 미련이 분명 있다, 자꾸만 뒤돌아보게 만드는.

미련

기다려도 기다려도 오지 않는 임 생각에
석양을 등에 지고 빈 하늘만 쳐다본다
가다가 뒤돌아보며 차마 발 떼지 못하고

「아마존의 밀림」 파푸아 뉴기니, 10×9×4cm

작업 스토리

파푸아 뉴기니의 수석이다. 이 수석을 만났을 때, 나는 밀림을 연상하고 있었다. 가 볼 수는 없지만, 상상해 볼 수는 있는 곳이다. 한때 우리나라에 유행했던 수입 수석이다. 문양석으로 색상이 매우 아름답다. 수석인으로서 각 산지의 돌을 다 갖추고 싶어 하는 마음이 발동하여 수집하였다. 밀림 속의 모든 생물과 그 무시무시한 악어를 상상하기에 참 좋은 수석이라서 그 세계에 자주 빠져든다.

아마존의 밀림

태곳적 울울창창 수목의 초록 향연
뚫린 도로 불탄 숲을 벗어난 필사적 탈출
마지막 물줄기 찾아 악어 생은 여기까지

「낙엽이 가는 길」 일광, 6×8×3cm

작업 스토리

질, 색, 수마 등이 최고인 수석이다. 부산 일광 바다에서 파도처럼 만났다. 육지의 낙엽에 질세라 바다는 파도와 포말을 낙엽이라 한다. 육지와 바다의 낙엽 자랑이 펼쳐지는 수석이다.

바람이 쌩쌩 불 때마다 낙엽들이 하늘에 날려 마치 눈 오는 듯한 모습으로 떠올랐다가 이내 땅으로 내려앉아 노을을 안고 화르르 구른다. 인생무상, 쓸쓸함이 구르는 것 같아 이 수석은 마음이 더 간다.

낙엽이 가는 길

색 바꾼 나뭇잎들 소낙비로 쏟아진다
지난날을 한꺼번에 소각하듯 화르르르
놔두게 저녁놀 안고 하염없이 뒹굴도록

「겨울 매화」 병곡, 7×8×2.5cm

작업 스토리

수석을 제법 수집한 사람이라면, 매, 난, 국, 죽을 세트로 소장한다. 꽃돌은 매화가 있지만, 자연석 매화는 탐석하기 어렵다. 그런데 이 귀한 매화가 내 앞에서 만개하였다. 무더운 여름날 땀을 뻘뻘 흘리며 정신없이 바닷가를 헤맸다. 시원한 바람이 불어오더니 계절을 붙들어 되돌려 놓은 듯 매화가 피었다. 이루 말할 수 없는 기쁜 마음으로 한 아름의 매화를 포옹했다. 비에 젖은 검은 가지가 매력적이다.

겨울 매화

잎 지고 떨군 자리 나무껍질 비집고서
시린 입김 내뱉으며 움츠렸던 붉은 입술
한줄기 햇살을 안고 곱게 내민 꽃망울들

찬 이슬로 화장하고 봉긋봉긋 불거지는
사춘기 소녀 같은 부풀은 가슴 가슴
만지면 터질듯한데 봄은 아직 멀었으니

봄볕을 기다리는 목마른 가지마다
설한에 눈물같이 그렁그렁 맺힌 망울
바람결 아지랑이 타고 발롱발롱 피어난다

「눈 내리는 영축산」 영일만, 8×10×3cm

작업 스토리

아스라이 먼 산을 배경으로 눈이 펄펄 내린다. 산수경석이다. 대구는 눈이 잘 오지 않는다. 그래서 눈에 대한 동경이 수석으로 전달된 모양이다. 첫눈이 내리던 날의 약속은 선남선녀라면 누구나 한 번씩은 경험했으리라. 지금은 아련한 눈보다 불경 같은 눈이 좋다. 소복소복 쌓이는 눈처럼 맑은 언어가 좋다. 한 덩이의 수석에서 가장 큰 위로의 언어를 듣고 싶은 마음을 전해본다.

눈 내리는 영축산

빈가운 겨울 손님 도포 자락 휘날리며
한 아름 불심 안고 온 산천 품은 채로
절간의 예불 소리로 소록소록 쌓인다

처마 끝 풍경 소리 향 촛불 불심 깊어
눈바람 등에 실려 춤추듯 나풀나풀
새하얀 꽃가마 타고 영축산*을 누빈다

*울주군과 양산시 원동면에 걸쳐 있는 산

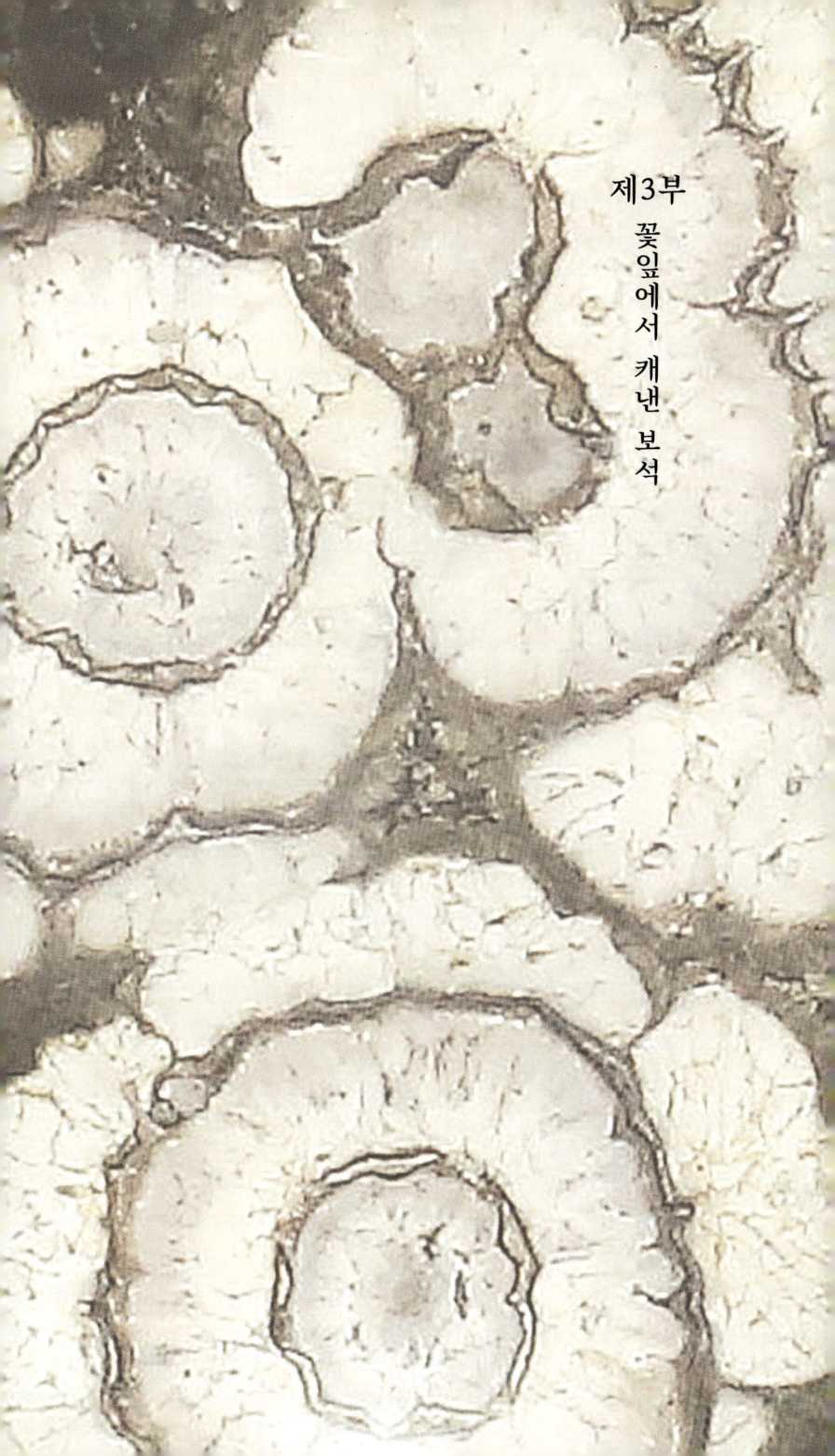

제3부
꽃잎에서 캐낸 보석

「목단의 침묵」 청송, 7×10×2.5cm

작업 스토리

꽃돌 산지로 유명한 청송의 목단꽃이다. 원석을 가공하여 만든 것으로 아름답다고 표현하기에는 말이 부족하다. 자연의 미는 오묘하고 신비하고 놀라워 저절로 숙연해진다.

목단꽃 수석을 소재로 하여 쓴 시조, 「목단의 침묵」이 2023년 제10회 경북일보 청송객주문학대전에서 입상하였다. 나에게 큰 기쁨과 그리움을 안겨 준 수석이라 더 마음이 간다.

목단의 침묵

볼록한 젖 몽우리 부풀고 부풀더니
불꽃처럼 활짝 터져 감당 못 할 넉넉함
맙소사 팜프파탈의 치명적인 신비성

혜성처럼 나타나 온 마음 뺏은 여왕
끊어내듯 후두둑 꽃잎을 떨구던 날
아서라 그리움 하나 던져놓고 간 여인

온 마음 아리도록 기나긴 침묵 끝에
약속처럼 다시 핀 검은 줄기 낙양화*
오로지 한마음으로 별을 낳는 꽃 중의 꽃

* '모란'을 달리 부르는 말

「불두화」 청송, 24×30×8cm

작업 스토리

5-6월 집 뜰에 불두화가 활짝 핀다. 둥근 꽃 모양이 부처님 머리 모양을 닮아서 불두화라는 이름을 얻었다. 은혜와 베풂이라는 꽃 말을 가진 순백의 불두화를 집에 들여놓으면 집안이 화목해진다. 그래서 불두화를 한 점 갖고 싶었는데 내 마음을 읽기라도 했는지 아내가 불두화 꽃돌을 선물해 주었다. 아내는 나의 취미를 인정해 준 고마운 사람이다. 그래서 나는 자연을 즐기고, 스트레스를 날리며 삶에 활력과 행복을 느낄 수 있었다. 뒤따라온 행운은 「불두화」 작품으로 등단을 했다.

불두화

목탁 소리 개화하는 순백의 화안花顔* 앞에
흔들리는 불심으로 헛꽃만 피워왔던
내 마음 들켜 버리고 고개를 숙이네

*꽃처럼 아름다운 여자의 얼굴

「국화의 한살이」 청송, 4.5×13×2cm

작업 스토리

　화문석의 꽃돌은 원석을 가공한 것이다. 청송, 영덕이 꽃돌로 유명하다. 꽃돌은 용암이 지표면으로 올라오는 과정에서 용암 속의 성분에 따라 중심부와 바깥 부분이 서로 다른 속도로 식으면서 화려한 꽃을 만든다. 이 수석에서 국화가 피는 것을 보았다. 국화는 다른 꽃과 달라 기품이 있고 질서가 있다. 그래서 이 수석 앞에서 나는 자주 숙연해진다.

국화의 한살이

이슬에 멱을 감고 서리에 잠이 깨어
꽃 눈썹 층층이 익어가는 무리들
와르르 토해내는 꽃말 몽실몽실 부푼다

햇빛에 바투 서서 수줍은 꽃송이
빛깔로 덧씌우고 향기로 감추지만
군자의 고고한 기품만은 숨길 수가 없구나

한겨울 찬 바람에 무정한 세월 따라
달빛에 서성이고 햇빛에 스러지며
수줍어 수줍어하며 꽃잎 떨고 있구나

「내 고향 찔레꽃」 청송, 18×24×11cm

작업 스토리

청송에서 만난 꽃돌이다. 배고픈 시절 할머니는 손자 사랑의 표현으로 찔레 순을 따 주셨다. 그 알싸한 달콤함은 세월이 흘러도 나의 혀끝에서 떠나지 않는다. 보릿고개 시절 허기진 배를 달래기도 했던 찔레 순이지만 그때는 최고의 간식이었다. 요즘 아이들은 본 적도 먹어보지도 않았겠지만……

찔레꽃은 향기를 품은 하얀 꽃이다. 꽃말은 고독, 가족의 그리움이다. 그래서 찔레꽃을 생각할 때는 고독할 때이고, 할머니가 그리울 때이다.

내 고향 찔레꽃

찔레꽃 향 내음이 하얗게 피는 한밤
곱립든* 그 시절에 찔레 순 따다 주던
할머니 손에 검버섯 가슴 가득 피고 지고

*뱃속이 비어 배가 고픈

「동백꽃 고백」 청송, 10×22×7cm

작업 스토리

청송은 유네스코가 지정한 세계지질공원이다. 지질공원은 마그마나 용암이 식으면서 굳어져 생긴 지질 명소이다. 그래서 이곳에는 꽃돌 원석이 많았는데 이제 거의 고갈되었다고 한다. 이 수석은 동백꽃이다. 그림을 그려서 붙인 듯 선명하다. 세계에서 우리나라의 화문석(꽃돌)은 특히 인정을 받는다.

동백꽃은 붉은 고개가 툭 하고 떨어뜨리는 바람에 심장이 툭 떨어지는 꽃이다. 그러나 이 수석의 동백꽃은 평생 떨어지지 않고 결별을 하지 않기 바라는 마음에 시조를 쓰고 간직한다.

동백꽃 고백

혹한의 바람 속에 속마음 감추고
꽃바람 갈바람에 꽃 가슴 터트리는
저것은 지조와 절개 우아한 내숭 떨기

무엇을 바라는가 어디를 향하는가
통째로 후두두둑 댕강댕강 잘라내듯
저것은 검붉은 고백 어여쁜 결별 잔치

「촉석루에 핀 꽃」 일광, 16×23×9cm

작업 스토리

바닷가의 해녀 집에서 만난 수석이다. 원석을 가지고 있던 해녀로부터 몇 점을 구입하여 가공하였다. 생각지도 않은 촉석루와 남강의 문양이 나왔다. 대박이다. 수석을 취미로 하는 재미가 바로 이런 것이 아니겠는가. 뜻밖의 선물을 받을 때, 그런 기분이다. 혹시 촉석루의 절개 굳은 처녀가 저 해녀로 환생한 것은 아닐까 상상해 본다.

촉석루에 핀 꽃

분단장 곱게 하고 열 손가락 옥가락지
벽류 속 바위 위에 원수의 석화 되어
수천 년 지지 않는 꽃 푸른 줄기 붉은 꽃

발문

동행과 발굴의 원형, 모성

주 인 석 작가

1. 동행

작품을 읽는 내내 가슴에 남는 한 낱말은 '동행'이다. 정태종 시조집 『수석에서 보석을 캐다』의 전체를 관통하는 것은 동행이다. 시조와 수석의 동행에 '어머니' '대자연' '고향'과 같은 낱말이 척추로 작동한다.

그에게 있어 수석은 첫 번째 동행이고, 시조는 두 번째 동행이다. 수석이 물꼬를 트고, 시조가 뒤를 따르는 형상이었다가 어느 순간에 수석과 시조는 불가분의 관계로 인연을 맺는다. 이렇게 수석과 시조는 2024년 봄, 하나의 보금자리에서 동행을 시작했다.

정과 동이 만났다. 수석은 남성적이고 시조는 여성적이다. 수석 속에서 시조를 캐냈으니 남성의 무의식 속에 존재하는 여성적 원형을 캐낸 남성성, 아니마의 발동인 셈이다. 그러니 좋은 궁합이라 해야 할 것 같다.

요즘은 하루에도 수많은 책이 출간된다. 그렇지만, 소장하고 싶은 책은 드문 것이 사실이다. 소장의 이유는 분명하다. 한 번 읽고 보내기에는 아깝다는 마음이 들어야 한다. 아마도 『수석에서 보석을 캐다』는 소장을 넘어 동행하고 싶은 책이 될 것이라는 믿음이 든다.

언제부터인가 시조가 문학의 변두리에 앉더니 소심해졌다. 과감해질 필요가 있다. 혼자라서 힘들면 동행을 하면 된다. 디카시라는 신춘문예가 보여 주듯이 시는 사진과 손을 잡았다. 시조도 누구와 동행을 하든 어떤 언어를 쓰든 용기를 낼 필요가 있다.

다만 장르마다 고유의 틀이 있으니 그것은 지켜야 할 일이다. 쓸데없이 타 장르를 끌어 붙여 이것도 저것도 아닌 것을 토해내기보다는 틀을 지키면서 변화를 꾀할 필요가 있다. 그런 면에서 정태종 시조시인의 『수석에서 보석을 캐다』는 틀을 잘 지켜내면서 동행자를 잘 만난 시조집이라고 볼 수 있다. 우리는 지금부터 그들과 동행할 것이다.

2. 원형

요즘은 모든 것이 융합이다. 그림은 설명이 많아지고, 음악은 해설이 많아졌다. 모든 예술은 문자를 불러들인다. 예술 속에 문자라는 말의 원형이 존재하기 때문이다. 수석과 보석이라는 만남 속에도 돌이라는 원형이 존재한다.

남성성인 아니마 속에는 여성이 존재하고 여성성인 아니무스 속에는 남성이 존재한다. '수석에서 보석을 캐다'도 이 흐름에 합류한다. 수석 속에서 캐낸 보석은 다름 아닌 시조다.

조각가 미켈란젤로가 다비드상을 완성하고 "다비드는 이미 돌덩어리 안에 있었고, 나는 그것을 캐내는 것이 임무였다."라고 말했다. 이처럼 정태종 시조시인도 수석 속에서 시조의 존재를 캐내고 우리에게 확인시켜 준 것이다. 수석의 가치를 높이고 시조의 자리를 단단하게 지켜 준 융합 속에 말의 원형을 낱낱이 보여 준 셈이다.

3. 애착

정태종 시조시인의 시조 전반에 흐르는 감정은 그리움이다. 드러난 그리움도 있지만, 묘하게 감추어진 그리움도 있다. 단념할 수 없는 사랑의 감정이 자연과 결합된 형태로 나타나는데 이런 감정적 결합의 중심에 어머니가 있다.

아들은 어머니와 감정적 결합을 박탈하는 시기가 오

는데 이때, 아들은 남성성을 형성한다. 안전한 모성 박탈로 남성성이 강해지고 자아가 발달하여 사회관계가 원만해질지라도 그 원형은 그리움의 형태로 침잠한다.

시조의 행간마다 어머니에 대한 그리움이 읽히는 것도 이런 이유이다. 자연의 위대함, 오묘함, 신비로움을 말하고 있지만, 스멀스멀 올라오는 감정은 어머니에 대한 원초적 그리움이다.

시조를 쓰는 일은 노력하면 가능한 일이지만, 시조를 즐기는 일은 감정이 반드시 동반되어야 한다. 시조는 형식과 운율이 분명한 감정의 노래다. 그의 시조는 온도가 은은한 노래다. 이것은 친밀한 감정의 결합 이후, 안전하게 분리를 하였지만, 모성에 대한 애착의 회복으로 볼 수 있다. 수석에서 시조를 캐는 일은 남성성 속에 여성성을 드러내는 일이다.

4. 발굴

정태종 시조시인은 수석에서 여성성뿐만 아니라 대자연과 인생의 섭리까지도 캐낸다. 한마디로 수석의 언어를 발굴하는 재주가 남다르다. 쫀쫀한 압축을 술술 풀어내는 재주는 누에고치가 실을 잣는 형상이다. 매일 매일 수석을 관찰하여 형상을 찾아내고, 시조로 엮어내는 재주는 수년간 수련하지 않으면 어려운 일이다.

「작은 아씨들」의 작가 루이자 메이 올컷은 하루에 한 장 쓰기를 목표로 하여 단 하루도 어긴 적이 없었다고 한다. 「풀잎은 노래한다」로 노벨문학상을 받은 도리스 레싱은 하루 7천 단어 쓰기가 목표였다. 「낙천주의자의 딸」로 퓰리처상을 수상한 유도라 웰티는 매일 일어나자마자 글쓰기를 목표로 잡았다. 이런 글쓰기의 수련은 언어 발굴을 탁월하게 한다.

정태종 시조시인도 매일 수석을 관찰하는 일, 수석에서 시조를 뽑는 일은 일상이 된 지가 오래다. 그 결과는 이번 시조집이 말해 줄 것이다.

5. 스토리텔링

정태종 시조시인은 퇴직 후, 농사와 함께 수년간 마을 이장을 하면서도 매일 쓰기를 게을리 하지 않았다. 아무리 늦은 밤이라도 한 글자라도 쓰고 잠자리에 드는 것이 습관이 되어 있었다. 그가 수석에서 대자연을 발굴하고 시조로 엮는 일은 남다른 노력과 꾸준한 시선이 있었기 때문이다.

각각의 시조마다 스토리텔링할 수 있었던 것도 그의 삶 자체가 이야기이기 때문이다. 어디에서 어떤 연유로 수석과 인연이 되었는지 기억한다. 수석이 한 사람과 같다는 그의 수석 스토리는 재미를 넘어 진정성이 엿보인다. 스토리텔링의 진수는 바로 이런 진심에 있다. 시조를 음미하는 재미도 좋지만, 작업 스토리를 읽으며 정태종 시조시인의 사생활을 엿보는 듯한 재미도 쏠쏠하다. 그의 수석 스토리는 밤을 새워도 끝이 나지 않을 만큼 수북수북하다.

6. 보석

농사로 인생 이모작을 시작한 지 벌써 10여 년이 흘렀다. 시조로 삼모작까지 하고 있는 셈이다. 이모작의 디딤돌에는 흔히 말하는 '돌'이 있었다. 김춘수의 「꽃」처럼 돌도 이름을 불러주기 전에는 그냥 박혀있거나 구르는 돌에 불과했다. 정태종 시조시인의 이모작으로 돌은 '보석'을 품은 '수석'이라는 이름을 부여받고 세상으로 나왔다.

전반전보다 후반전이 더 아름답고 가치 있어 보이는 그에게 시조집 『수석에서 보석을 캐다』는 수석처럼 단단한 시조시인으로 진정성 있는 글쓰기의 반열에 우뚝 서게 할 것이다. 시조에서 이미 그의 덕성을 읽어낼 수 있었지만, 사람 자체로도 보기 드문 인격을 갖춘 보석이라는 데는 이견이 없을 것이다.

　글쓰기를 시작했을 때를 첫걸음이라고 말한다. 그러나 제대로 된 글쓰기의 첫걸음은 등단했을 때이다. 그렇지만, 글 같은 글을 쓰는 글쓰기의 첫걸음은 첫 책의 출간으로 본다. 이제부터는 시조시인이라는 이름표를 달고 세상을 향해 걷는다. 첫걸음이라서 어설프고 다소 미흡해 보이는 부분도 있었다. 그러나 후기를 쓰는 내내 흡족한 웃음이 입가에 안개꽃처럼 피었다.

　지금부터는 더 깊은 사유에 힘써야 하고, 시대의 흐름에 발 맞추는 신선한 언어를 고민해야 할 것이며, 젊은 시조 연구에 힘을 쏟되 혼탁하지 않은 시조 쓰기에 선구자가 되어 줄 것을 바란다. 따뜻한 시선의 2집을 기대하며 보석 발굴에 참여할 수 있는 기회를 주신 것에 감사드린다.

해설

내면의 아름다움까지 추구한 시조집

김 민 정
시조시인, 한국문인협회 부이사장

1. 청송 화문서 수석에서 찾아낸 수석 노래

청송의 꽃돌은 일단 겉으로 문양들이 드러나는 것이 아니라 돌 속의 문양을 돌을 깎아 찾아내야 한다. 원석을 가공하여서 만드는 것이다. 그 돌 속에 어떤 문양이 들었는지 겉만 봐서는 알 수 없다. 돌을 깎아 보아야 문양이 확실하게 드러난다. 원석 속에 들어 있는 온갖 오묘한 문양들이 신기하고 아름답다. 자연석을 즐기는 사람들은 가공석을 수석이 아니라고 말하기도 한다. 그러나 꽃돌은 일단 피부가 매끄럽고 문양 자체가 아름다워 많은 사람들에게 인기가 많다. 특히 꽃문양이 많아 화문석이라고 한다. 그래서 인기도 높은데, 정태종 시조시인은 화문석에다가 시조까지 곁들였다.

볼록한 젖 몽우리 부풀고 부풀더니

불꽃처럼 활짝 터져 감당 못 할 넉넉함
맙소사 팜프파탈의 치명적인 신여성

혜성처럼 나타나 온 마음 뺏은 여왕
끓어내듯 후두둑 꽃잎을 떨구던 날
아서라 그리움 하나 던져놓고 간 여인

온 마음 아리도록 기나긴 침묵 끝에
약속처럼 다시 핀 검은 줄기 낙양화*
오로지 한마음으로 별을 낳는 꽃 중의 꽃

*'모란'을 달리 부르는 말

―「목단의 침묵」 전문

「목단의 침묵」은 소품의 수석이지만 아름답다. 목단은 모란이라고도 한다. 수석에 나타난 문양을 목단이 활짝 핀 모습으로 보고 쓴 작품이다. 목단은 꽃 중의 왕이라 한다. 그런데 향기가 없어 그림을 그릴 때 벌과 나비를 함께 그리지 않는 꽃이기도 하다. 목단의 우아함을 꽃 중의 여왕으로, "그리움 하나 던져놓고 간 여인"으로 표현하고 있어 수석의 아름다움과 목단의 아름다움을 함께 느끼게 하는 시조다. 실제의 꽃은 피었다가 5월이 지나면 져서 아쉬움을 남겨 김영랑의 「모란이 피기까지는」이란 작품을 생각나게 하기도 한다. 하지만 수석 속의 꽃은 5월이 가도 오랫동안 지지 않을 것이다. 그래서 그는 "약속처럼 다시 핀 검은 줄기 낙양화 / 오로지 한 마음으로 별을 낳는 꽃 중의 꽃"이라고 하여 목단 문양의 수석을 찬양하고 있다. 그의 마음에 기쁨을 주는 돌꽃임에 틀림없다.

> 목탁 소리 개화하는 순백의 화안花顔* 앞에
> 흔들리는 불심으로 헛꽃만 피워왔던
> 내 마음 들켜 버리고 고개를 숙이네
>
> *꽃처럼 아름다운 여자의 얼굴
>
> —「불두화」 전문

이 시조집을 통해 볼 때 부부애가 상당히 좋아 보인다. 늘 아내가 남편의 취미를 도와주고, 남편에게 수석 선물도 자주 한다고 한다. 아래 작품 설명에서도 집 안에 두면 집안이 화목해진다는 불두화 모양의 화문석을 선물했다고 한다. 그는 이 시조집에서 수석에 시조뿐 아니라 간단한 설명까지 붙여 수석에 대한 충분한 설명을 하고 있다. 불두화처럼 탐스럽고 둥근 문양의 화문석을 노래한 작품이다.

이 수석과 그 설명을 보면서 언제나 밝고 긍정적인

마음을 지닌 그의 근원을 알 것 같다. 늘 자신을 긍정해 주고 취미조차 거들어 주는 착한 아내가 있기 때문이라는 결론을 갖게 한다. 가화만사성이라는 말을 그대로 실천하고 있는 시조인이다. 가정이 화목해야 모든 일이 잘 풀리는 것이다. 가정에 근심이 있으면 사회에 나와서도 가정 걱정 때문에 일을 잘 못하는 법이다. 더구나 「불두화」란 이 작품으로 등단까지 했다고 하니 부처님이 복을 내리신 것인지 화문석이 복을 내린 것인지, 아내가 복을 불러온 것인지… 복이 있는 수석임에 틀림없다. 집 안에 꽃이 있으면 좋다고 하는데 지지 않는 꽃을 여러 점 집 안에 두니 좋은 일만 일어나는 것이 아닌가 싶다.

    이슬에 멱을 감고 서리에 잠이 깨어
    꽃 눈썹 층층이 익어가는 무리들
    와르르 토해내는 꽃말 몽실몽실 부푼다

    햇빛에 바투 서서 수줍은 꽃송이
    빛깔로 덧씌우고 향기로 감추지만
    군자의 고고한 기품만은 숨길 수가 없구나

    한겨울 찬 바람에 무정한 세월 따라
    달빛에 서성이고 햇빛에 스러지며

수줍어 수줍어하며 꽃잎 떨고 있구나
—「국화의 한살이」 전문

 꽃돌의 산지는 주로 청송과 영덕이다. 특히 청송은 유네스코가 지정한 세계지질공원이다. 꽃돌은 용암이 지표면으로 올라오는 과정에서 용암 속의 성분에 따라 중심부와 바깥 부분이 서로 다른 속도로 식으면서 화려한 꽃을 만든다고 한다. 국화, 무궁화, 해바라기 등이 많다.
 그는 이 국화 문양의 수석 앞에서 자수 숙연해신나고 한다. 그 이유는 기품이 있고 질서가 있어서라 한다. 국화는 예부터 의리가 있는 선비를 나타내는 꽃으로 오상고절이라 불렸고 선비들이 좋아했던 꽃이다. 추워지기 시작하는 계절, 모든 꽃이 지는 계절에 홀로 피는 꽃이기 때문에 지조가 굳은 선비 같은 꽃이라 보았던 것이다. 마음이 쉽게 변하지 않는 지조가 굳은 사람을 우리는 예부터 좋아했던 것이고, 정태종 시조시인의 마음에도 그런 정신이 깃들어 있어 이 꽃을 보면 숙연해지는 것이 아닐까 한다. 그가 사물을 바라보는 마음이 바로 그의 정신세계이기 때문이다.
 화문석 수석에는 꽃 중의 왕이라 할 수 있는 목단, 가정의 평화를 가져온다는 불두화, 고절의 선비를 나타내는 오상고절의 국화 등이 있다. 모두 아름다운 꽃이고 덕을 지닌 꽃들이며 그는 이 수석에 대한 것들을 노래하고 있다.

> 분단장 곱게 하고 열 손가락 옥가락지
> 벽류 속 바위 위에 원수의 석화 되어
> 수천 년 지지 않는 꽃 푸른 줄기 붉은 꽃
> ―「촉석루에 핀 꽃」 전문

바닷가 해녀의 집에서 구입했다는 이 수석은 꽃돌은 아니지만 원석을 가공하여 만든 수석이다. 가공하고 보니 생각지도 않았던 촉석루와 남강의 문양이 나왔다고 한다. 수석을 자세히 보면 중간에 기와집처럼 생긴 문양이 보인다. 그는 이 집을 촉석루라 생각하고 촉석루의 절개 굳은 논개가 바닷가 해녀로 환생한 것은 아닐까 상상하고 있어 재미있다.

2. 형제애, 가족애, 인간애 등을 표현한 인상석에 대한 노래

> 젊은 꿈 만경창파 수평선 위에 싣고
> 앞서고 뒤따르다 나란히 어깨동무

태풍도 어뜨무러차* 형제애 으라차차

　　　*무거운 것, 상대하기 힘든 것을 상대할 때 내는 소리
　　　　　　　　　　　　　　　　　—「형제도」전문

　두 개의 봉우리를 가진 산수경석을 보면서 형제애를 생각하고 있다. 이 수석을 보면서 동기간의 사랑과 서로에 대한 겸손으로 살아야겠다는 의지를 다지는 계기가 되었다고 한다. 그의 시조를 읽다가 보면 삶에 대한 교훈을 수석에서 참 많이 찾아내고 있다. 수석에 대한 감상을 통해 시조를 쓰면서 수석에서 끊임없는 교훈을 얻으며 그 교훈을 자신의 삶에 적용시켜 더욱 풍요롭고 긍정적인 생활이 되게 한다는 데 그만의 수석 사랑이 있다.

　　　신선의 뮤지컬인가 선녀의 오페라인가
　　　테너와 소프라노 마주 선 두 봉우리
　　　아리아 폭포수 향연 멈춰버린 내 심장
　　　　　　　　　　　　　　　　—「사랑 폭포」전문

　이 작품은 제목이 '사랑 폭포'라 하여 폭포에 초점을 맞추었으나 오히려 폭포를 가운데 둔 두 바위 문양이 사람의 형상을 닮아 있다. 어쩌면 남과 여의 모습이고,

폭포는 두 사람 사이에 흐르는 사랑의 감정이 아닐까 싶다. 작업 스토리에서 말하듯 부부가 포옹을 하고 그 사이에 사랑이 흐르는 느낌이라 인상석에 포함시켜 보았다. 환갑 때 사랑스런 아내가 선물로 준 수석이라니 더욱 그렇다. 남편의 취미를 인정해주는 아내의 모습도 이 수석만큼이나 아름답게 느껴진다.

> 식은 밥 한 그릇에 참기름 한 술 뿌려
> 손으로 얇게 눌러 노릇노릇 구워낸
> 고소한 누룽지의 맛 울 어머니 손맛 탱*
>
> 밥 퍼낸 가마솥에 누룽지 익는 냄새
> 큰 주걱 든 어머니 누룽지 긁어모아
> 오종종 모인 오 남매 입안에 한 덩이씩
>
> 세월이 좋아져 누룽솥 플러스**
> 간편한 누룽지 넙디기에 감탄해도
> 도무지 잊을 수 없는 누룽지 맛 엄마 맛
>
> *작은 물건이 탄력 있게 튀는 소리 또는 그 모양
> **온도 센서와 타이머가 있어 원하는 온도와 시간으로 누룽지를 구울 수 있는 누룽지 제조기
>
> ―「어머니의 누룽지」 전문

이 수석을 보면서 화자는 어머니의 누룽지를 떠올리고 있다. 자식에게 어머니만큼 소중한 존재가 없듯, 그에게도 어머니는 지고지순한 여인으로 다가온다. 그래서 아름다운 여인을 보면 엄마가 떠오른다고 한다. 그뿐 아니라 마음도 따뜻한 여인이었고, 구수한 여인이었고 푸근한 여인이었다는 것이다. 어머니가 긁어 주시던 누룽지, 여인의 모습과 누룽지의 모습이 함께 나타나는 누룽지를 보며 이 작품을 구상했다고 볼 수 있다. 화자에게 누룽지는 바로 엄마의 손맛이었다고 한다. 긁는 소리가 하나의 리듬이었고, 자녀들의 입에 넣어 주던 누룽지는 사분음표였다고 하는 아름다운 마음이 들어가 있다.

땅을 열고 고개 내민 별을 캐는 아낙네
호미 잡고 끝없는 은하수를 바라보며
물린 젖 억지로 떼 내 돌아앉은 어미 심정

오뉴월 땡볕에서 고랑마다 별이 눕자
아낙의 손끝에 새파랗게 풀물 든다
정오의 목마른 태양 더디게 지나간다

고랑을 긁는 심정 아는지 모르는지
손톱 밑에 고이는 새까만 그 모정

하루해 길고도 멀어 부푼 젖만 아프다
  ─「김을 매는 아낙네」전문

 김을 매는 아낙네 문양을 닮은 수석에서 그는 어머니의 모습을 보고 있다. 밭에서 김을 매시는 어머니의 모습을 노래한 것이다. 뙤약볕 속에서도 수건을 머리에 둘러 햇볕을 가리며 호미로 밭을 매고 풀을 뽑는 어머니의 모습을 생생하게 그리고 있다. 어머니는 그렇게 별을 캐고 계셨던 것이다. 하나의 수석 문양 앞에서 땡볕 속에서도 밭을 매며 고생하시던 어머니를 떠올리고 어머니를 그리워하며 기쁜 날에도 울적한 날에도 이 수석 앞에서 마음의 평온을 찾는 효자의 곡진한 마음과 긍정적인 모습을 잘 드러낸다.

엄마를 닮았을까 아빠를 닮았을까
열 달이 지겨워서 쪼그리고 앉아
언제쯤 세상 구경 갈까 기다리네, 첫 만남
  ─「태아의 기다림」전문

 태아를 닮은 수석, 이 시조 속의 화자는 태아 자신이다. 그 태아가 엄마의 배 속에서 자신이 엄마를 닮았을까, 아빠를 닮았을까 궁금해한다. 그리고 쪼그리고 앉아서 기다리는 열 달을 지겨워한다. 어서 빨리 세상 구경을 나와서 첫울음으로 첫 만남을 하고 싶은 태아가 자신의 심정을 표현한 작품이라 재미있다. 화자가 태아라는 점이 이 작품을 신선하게 한다.

덩어리 뭉개도록 건너온 나그네여
속절없는 세월에 돌아보면 무엇 하리
한 자락 비바람처럼 바삐 왔다 갈 뿐인데
—「인생무상」 전문

인생은 늘 돌아보면 무상하다. 무엇을 남기고 왔든, 남기지 않고 왔든 늙으면서 점점 자신의 에너지가 소모되고 그러면서 언젠가 다시 흙으로 돌아가야 한다는 생각만으로도 우리는 인생이 허망함을 느끼게 된다. 사는 동안 최선을 다하려 노력하는 것은 인생은 살아내는 하나의 과정임을 인식하기 때문이다. 그것은 나만이 느끼는 감정이 아니라 누구나 겪는 공통된 감정일 것이다. 이 수석 앞에 앉아 많은 생각을 한다는 정태종 시조시인, '나는 누구이며 삶이란 무엇인가?' 이 말은 누구나 갖고 사는 화두의 하나일 것이다. 인생은 끊임없이 자기 자신을 찾아가는 과정이기 때문이다.

바라본 모든 순간 순간이 감탄이요

햇빛과 높새바람 걸린 구름 탄성이요

너와 나 마주친 순간 외마디 언어의 포옹

—「절규」 전문

「절규」는 '뭉크의 절규' 같은 인상석이다. 수석을 보는 순간 절규를 떠올리고, "너와 나 마주친 순간 외마디 언어의 포옹"이라고 하며 귀 기울여 들어야 할 사연이 분명 있을 것이라고 그는 생각한다. 사람을 만나고 돌아오면 이 수석과 자주 마주 앉으며 사람마다 절규를 숨기고 살 수도 있고 누르고 살 수도 있다는 생각을 한다. 이렇게 수석은 그에게 인격 수련을 부여하기도 하는 존재임을 밝히고 있다.

산천은 조용한데 은근한 둥근 달빛

나뭇잎 사이사이 비집고 파고들어

더욱더 애타는 심곡心曲* 잠 못 드는 이 한밤

*간절하고 애틋한 마음

—「월하 여인」 전문

'보름달 아래의 여인'을 기도하는 여인, 어머니로 보고 있다. 시조 내용으로는 달빛 아래의 아름다운 여인의 모습을 보며 잠 못 드는 한 사람을 표현하고 있다고도 볼 수 있고, 또한 아름다운 달빛을 보며 기도하는 그 여인이 잠 못 든다고 볼 수 있다. "애타는 심곡"을 간직한 이가 누구일까를 생각하게 된다. 여인일 수도 있고, 그 여인을 그리워하는 남성일 수도 있다. 그는 대대손손 여인의 이런 기도가 모이고 모여 우리네 자손이 번창하는 것이라고 말을 하고 있어 기도하는 여인이라 못을 박고 있다. 모암, 수마, 색상, 석질, 문양까지 단조롭지 않은 인상석에 시조를 곁들이고 있다.

> 조급한 마음에도 누가 볼까 두리번
> 흘러내린 내의를 붙잡고 응가 하는
> 일곱 살 우스꽝스런 너야말로 국민 손자
> ―「해우소解憂所」전문

수석의 문양을 보고 이런 작품을 쓴 그는 천진난만한 소년 같다. 자신의 수석을 스스로 촌석이라며 겸손하게 낮추고 있으며, 그 수석에서 해학과 재미를 발견한다. 이 작은 수석을 만나면서 '엉덩이를 닦아주며 토닥토닥, 내 새끼 응가 많이 했어?' 하시던 어머니와의 어린 날의 따스했던 기억을 추억한다. 그에게 어머니는 늘 따스하고 자식을 위해 언제나 기도하는 여인으로 인식되어 있다. 인상석 수석 시조에서 어머니를 자주 언급하고 있음을 볼 수 있다.

3. 동물과 식물과 사물에 대한 수석 노래

단비가 오려는가 복두꺼비 엉금엉금
단단한 갑옷 속에 복 보따리 감추고
천천히 둘러보면서 복 풀 자리 물색하네
―「복두꺼비」 전문

이 시조의 수석은 복두꺼비 형상을 하고 있다. 복을 준다고 생각하여 우리는 복두꺼비라 이름 붙이고 있다. 그런데 이러한 복두꺼비 형상을 발견한 기쁨에 석우들과 장원주도 내며 즐겼고, 또한 복을 풀라고 집을 통째로 내주었다는 그의 큰 배포도 만날 수 있다. 두꺼비가 눈에 띄면 우리 조상들은 비가 온다고 생각했고, 복을 불러들인다고도 생각했다. 돌두꺼비가 복 풀 자리 물색한다고 보는 생각, 세상 만물은 보는 시각에 따라 다르게 평가된다. 아마도 그에게 복을 많이 베풀 것 같은 수석이다.

거대한 용 한 마리 몇 겁을 기다렸나
당장에 솟구칠 듯 비틀린 울부짖음
얄라차* 가는 선 타고 장삼무를 추다니

*무엇인가 잘못됐음을 이상하게 여기거나 신기하게 여길 때 내는 소리
―「용틀임」 전문

자신감 용맹으로 신바람 일으키며
무한한 꿈을 향해 춤추듯 날아올라
갑진년 잘살아보세 청룡의 기운 받아
―「잠룡 승천」 전문

「용틀임」이란 작품은 용이 몸을 틀고 있다는 내용의 시조다. 승천하고자 하는 몸부림의 역동적인 움직임을 표현한다. 용이 금방이라도 승천할 듯 장삼무를 추고 있다고 한다. 그는 이 수석의 탐석 순간을 생각하며 보이는 곳보다 보이지 않는 곳에 더 좋은 일, 더 아름다운 일, 더 배워야 할 일이 숨어 있다며 이 수석의 탐석 과정에서도 삶의 교훈을 찾아낸다.

「잠룡 승천」에서는 갑진년 청룡의 해, 여의주를 얻어 이무기가 승천하는 모습으로 표현하고 있다. "자신감 용맹으로 신바람 일으키며 / 무한한 꿈을 향해 춤추듯 날아올라 / 갑진년 잘살아보세 청룡의 기운 받아"라며

힘차게 날아오르는 용의 모습을 표현하고 있다. 갑진년, 용의 해라서 더욱 돋보이는 시조다.

> 감나무 꼭대기에 나뭇가지 한입 물고
> 요리조리 끼우고 차곡차곡 쌓아가며
> 온종일 쉴 사이 없이 기초 공사 한창인
>
> 근사한 집 짓고서 좋아라 까악까악
> 낮에는 해님 손님 밤에는 달님 별님
> 까악깍 손님 모셔다 집들이로 야단난
>
> 설계사 어미 까치 건축사 아비 까치
> 오붓한 보금자리 까르르 까악까악
> 이보다 멋진 가족애 어드매서 찾으랴
> ─「까치의 삶」전문

 우리 민족에게 까치는 반가운 새다. 기쁜 소식을 전해 준다는 새이기 때문에 길조로 받아들이는 것이다. 수석에서 까치를 만난다는 것은 어려운 일이다. 까치 문양의 수석을 발견한 그 일이 바로 기쁜 일이 아닐 수 없다. 첫 수에서는 까치가 집을 짓는 모습을 표현하고, 둘째 수에서는 집들이로 야단이라는 것이며, 셋째 수에서는 오붓한 보금자리를 짓는 까치의 가족애를 칭찬하고 있다. 까치를 만나 가정에 기쁜 일이 많을 것 같다는 정태종 시조시인, 그 가정에 늘 기쁨이 가득하길 바란다.

    초록 하양 투톤의 윙 팁 칼라 빼입고
    까투리 앞에서 힘준 날개 붉은 얼굴
    꾸억 꽉 장끼의 포효 들썩이는 사월 숲
                           —「장끼의 구애」 전문

  이번에는 장끼 문양의 수석에다 「장끼의 구애」라는 제목을 붙였다. 새는 수컷이 더 아름답다고 한다. 암컷에게 구애를 하기 위한 것이다. 이 작품에서도 암컷에게 잘 보이기 위해 노력하는 장끼의 모습을 표현하여 재미를 더한다. 이외에도 토끼, 개구리 등 동물 문양과 형상 등의 수석에 대한 시조가 더 있지만 다 언급하기 어려워 몇 개만 골라 보았다. 다양한 동물 문양과 형상에 대한 표현으로 그의 상상력이 펼쳐지고 있는 시조를 보았다. 다음에는 식물에 대한 것을 살펴보기로 하자.

    대나무 숲에 서면 온갖 소리 들려온다
    쭉쭉 곧은 마디마디 절개를 지키라는
    호연한 선비의 호통 합창으로 들려온다

    대나무 숲에 서면 온갖 새들 모여든다

서로 다른 새들 소리 환상의 하모니다
모두가 함께 모여서 멋진 공연 펼친다

대나무 숲에 서면 늘 푸른 마음이다
힘들고 지칠 때는 주저앉고 싶지마는
언제나 싱싱한 희망 푸르름이 안긴다
―「대나무 숲」 전문

이 작품은 그가 '작업 스토리'에서 밝혔듯이 대나무 숲의 모습을 표현한 시조다. 자신의 집 가까이 있는 대나무 밭에서 해가 질 때, 또 해가 뜨기 전 온갖 잡새들이 대나무 숲에서 지저귀는 소리, 그 공연을 듣다가 그것을 시조로 썼고, 또 어느 날 지인으로부터 대나무 문양의 수석을 선물 받음으로써 대나무 숲이란 시조가 된 것이다.

이 시조를 읽으면 대나무 숲의 새소리가 들려올 듯하고 또 셋째 수에는 "대나무 숲에 서면 늘 푸른 마음이다 / 힘들고 지칠 때는 주저앉고 싶지마는 / 언제나 싱싱한 희망 푸르름이 안긴다"는 숲은 그에게 늘 푸른 마음을 주어 지쳐 있음을 헤어나게 하는 싱싱한 푸른 희망을 주는 곳이라고 한다. 그대로 싱싱함이 전달되는 부분이다. 이 부분의 시조를 읽으며 독자들도 그와 같은 마음이 되리라 본다. 그만큼 대나무의 푸르름이 잘 드러난다.

바람에 얽맴 없이 초연히 흔들리다
꺾일 듯 쓰러질 듯 일어설 듯 눕더니
슬며시 바람을 안고 꼿꼿이 일어선다

바람을 품은 백필 눈부신 초가리
가는 필관筆管 꼿꼿하게 때때로 비스듬히
허공에 휘갈긴 문장 가을은 표음문자

초서로 뒤엉켜도 해서로 풀어내고
입시에 밀려나도 다 같이 일어서니
휘리릭 써 내려가는 올가을 첫 페이지

—「갈대의 문장」 전문

  탐석을 하는 일은 늘 수많은 돌들 중에 인연이 되는 돌을 만나고 때로는 파도에 옷을 흠뻑 적시기도 하고 파도 때문에 넘어지기도 하고 자칫하면 파도에 휩쓸리기도 하는 위험한 일이기도 하다. 특히 파도가 셀 때 탐석을 하는 것은 위험한 일인데, 그 파도의 위험을 무릅쓰고 건져낸 것이 바로 이 갈대밭이라는 수석이란다. 갈대밭이란 작품은 수석이 없더라도 멋진 시조다. 갈대의 모습을 "꺾일 듯 쓰러질 듯 일어설 듯 눕더니 / 슬며시 바람을 안고 꼿꼿이 일어선다"고 표현하여 갈대의 끈질긴 생명력의 모습과 언제나 곧게 서려는 꼿꼿한 의지를 잘 나타내고 있는 좋은 작품이다. 서울지하철 공모 시에도 당선되어 서울 지하철역 4곳과 하남 지하철역 승강장에 게시된다고 한다.

> 잎 지고 떨군 자리 나무껍질 비집고서
> 시린 입김 내뱉으며 움츠렸던 붉은 입술
> 한줄기 햇살을 안고 곱게 내민 꽃망울들
>
> 찬 이슬로 화장하고 봉긋봉긋 불거지는
> 사춘기 소녀 같은 부풀은 가슴 가슴
> 만지면 터질듯한데 봄은 아직 멀었으니
>
> 봄볕을 기다리는 목마른 가지마다
> 설한에 눈물같이 그렁그렁 맺힌 망울
> 바람결 아지랑이 타고 발롱발롱 피어난다
> ─「겨울 매화」 전문

수석을 하는 수석가들이 모두 매란국죽 4군자를 가지고 있지는 않다. 그 모두를 갖추기가 쉽지 않기 때문이다.「겨울 매화」라는 작품은 수석에 붉은 기가 도는 꽃송이가 많이 피어 있다. 막 벙그는 매화의 꽃망울의 모습을 잘 표현하고 있는 작품이다. 봄바람에 발롱이며 피어나는 그 탐스런 꽃송이들이 금방이라도 손에 잡힐

듯하고, 매화 향이 풍겨 올 듯하다.

> 기다리다 지친 마음 몇 줄기 가는 잎새
> 생각이야 흔들려도 올곧은 마음 하나
> 향긋한 꽃대 하나가 이파리를 달랜다
> ―「난초」 전문

수석에서 난초 잎새를 발견하고 선명한 꽃대도 발견한다. 생각은 늘 흔들리며 살지만 올곧은 마음 하나처럼 그렇게 올라가는 수석 속의 꽃대를 보며 그 향기로운 꽃대가 이파리를 달랜다고 생각한다. 이 작품도 수석 속의 난초이긴 하나 향기로우면서도 올곧게 사는 난초를 생각하며 삶의 지표로 생각하는 듯한 그의 모습을 발견할 수 있다.

다음으로는 사물에 대한 작품을 살펴보자.

> 허물을 덮어 주는 진흙 모래 아량에
> 평원은 키워내고 나누는 일을 하며
> 언제나 고요하다네 만남도 떠남도
> ―「만리 평야」 전문

평원석에 시조를 붙인 작품이다. 가슴이 탁 트이고 시원한, 눈의 막힘이 없는 마치 평야를 보는 듯한 평원석.

그래서 이름도 '만리 평야'이다. 그 평원을 마치 마음의 평정심을 상징하듯 "언제나 고요하다네 만남도 떠남도"라고 표현하고 있다. 보는 이의 마음을 평안하게 하는 평원석, 언제나 평정심을 가져 고요한 마음처럼 나타낸 시적 표현이 좋다.

> 홀라당 알몸이다 태초의 알몸이다
> 지위나 재산도 권력도 내려놓고
> 모두가 똑같아지는 가식 없는 참이다
>
> 육신의 찌든 때를 천천히 밀어낸다
> 인생은 빈손으로 오가는 비움철학
> 마음속 욕심의 때도 말끔히 씻어낸다
> ―「목욕탕에서」 전문

물고임의 수석을 노래한 시조다. 주로 물고임석은 호수로 표현하는 경우가 많지만 물고임이 깊은 수석이어서인지 목욕탕으로 표현하고 있다. 그 목욕탕에서 "육신의 찌든 때를 천천히 밀어낸다 / 인생은 빈손으로 오가는 비움철학 / 마음속 욕심의 때도 말끔히 씻어낸다"고 한다. 물고임의 수석을 목욕탕이라고 이름을 붙였고 욕심의 때까지 씻어내고 싶어 하는 그의 깨끗한 마음이 드러나는 멋진 작품이다.

이번에 첫 시조집 『수석에서 보석을 캐다』를 발간하는 정태종 시조시인에게 크게 축하를 보낸다. 아름답고 신기한 수석의 갖가지 문양과 형상에다 시조를 붙여서 세상에 선보이고 있다.

청송 화문석 수석에서 꽃 중의 왕이라 할 수 있는 목단, 가정의 평화를 가져온다는 불두화, 고절의 선비를 나타내는 오상고절의 국화, 또 추위 속에서 가장 빨리 피는 꽃 중의 하나인 동백꽃 등이 있다. 모두 아름다운 꽃이고 덕을 지닌 꽃들이며 이러한 수석에 대한 것들을 아름답게 노래하고 있다.

또 여러 가지 인상석의 모습을 노래하고 있다. 인상석이란 사람의 모습을 닮은 것을 말한다. 어머니, 형제, 부부, 스님, 여인, 달마상, 절규 등 주로 문양석을 중심으로 시조로 표현하고 있다. 물론 인상석 중에는 문양석만 있는 것이 아니라 형상석도 있다. 문양석이란 수석에 그림으로 나타난 것이며 형상석이란 돌 모양 자체로 어떤 모습을 나타낸 것을 말한다.

동물들을 시조로 표현한 작품에는 토끼, 개구리, 두꺼비, 장끼, 용, 까치 등을 표현하여 그 동물들의 특성과 수석에 보이는 내용을 절묘하게 나타냈다. 식물인 나무와 꽃도 다양하게 표현되었다. 화문석에서도 여러 가지 꽃이 나타나지만 일반 수석 중에서도 대나무, 소나무,

당산나무, 갈대, 매화, 난초, 산수유, 유채꽃, 벚꽃, 메밀꽃 등 다양하게 나타난다. 이들 동식물들의 특성을 잘 살려서 좋은 시조로 표현하고 있다. 그 밖에도 초가집, 목욕탕, 정월 대보름, 만사형통, 운무, 산수 수묵화 등 많은 사물들을 소재로 시조를 썼다.

시조시인이 쓰는 시조는 상상력의 산물이다. 물론 구체적으로 사물을 묘사할 수도 있지만 상상이 가미되어 한 편의 시조가 된다. 그의 시조는 수석을 보면서 그것에 대한 상상을 하고 있으니 두 번의 상상을 거쳐 나온 작품이다. 그러면서도 추상적인 작품은 될 수 없다. 왜냐하면 수석에 나타난 문양과 형상을 보고 그것을 표현했기 때문이다. 수석에 나타난 문양이나 형상을 보고 그것을 표현하고자 하다가 보면 자칫 겉으로 보이는 면만 표현하기 쉽다. 그랬을 경우 깊이 없는 작품이 될 수도 있어 그것을 경계할 필요가 있다. 당장 눈에 보이는 것에만 집착하다 보면 시적 상상력이나 시적 재미가 반감되기 때문이다.

다행히 그의 작품은 표피적 아름다움만 추구하지 않고 안 보이는 내면의 아름다움까지 추구하는 작품이 많아 깊이가 있는 작품들이다. 또 수석을 탐석하고 시조를 쓰면서 수석이 주는 삶의 깊은 교훈까지 얻고 있다. 때문에 그에게 수석은 하나의 돌이 아닌 삶의 반려로서 시조를 쓸 수 있는 아름다움만 주는 것이 아니라 본인의 삶을 돌아보고 반성하며 꿋꿋하게 지조를 지키며 나아가게 하는 삶의 원동력이 내일을 설계하게 하는 가치를 지닌 보석보다 귀중한 존재이다. 이러한 마음으로 수석을 대하는 그의 시조가 어찌 아름답지 않겠는가. 아름다운 시조가 가득 담긴 정태종 시조집 『수석에서 보석을 캐다』 탄생을 축하드린다.

앞으로 넘치는 석복과 함께 더욱 아름다운 시조를 쓸 수 있기를 바라며, 멋진 시조집의 탄생으로 많은 독자들에게 사랑받는 시조시인이 되시기를 진심으로 바란다.

정태종 시조집

수석에서 보석을 캐다

ⓒ 정태종, 2024

초판 1쇄 발행 2024년 7월 5일

지은이　정태종
펴낸이　이은재

펴낸곳　도서출판 그루
출판등록 1983. 3. 26(제1-61호)
주소　　42452 대구광역시 남구 큰골 3길 30
전화　　053-253-7872
팩스　　053-257-7884
전자우편 guroo@guroo.co.kr

ISBN 978-89-8069-505-8
* 이 책은 저작권법에 의해 보호받는 저작물이므로 무단 전재와 무단 복제를 금하며 이 책 내용의 전부 또는 일부를 이용하시려면 반드시 저작권자와 도서출판 그루에 서면 동의를 받아야 합니다.
* 잘못된 책은 구입하신 곳에서 바꿔 드립니다.
* 책값은 뒤표지에 있습니다.